JN312018

園城寺 編

天台寺門宗教文化資料集成　国語・国文学編

園城寺蔵
智証大師自筆文字史資料集

画像収録ＤＶＤ・解説書　付

三弥井書店

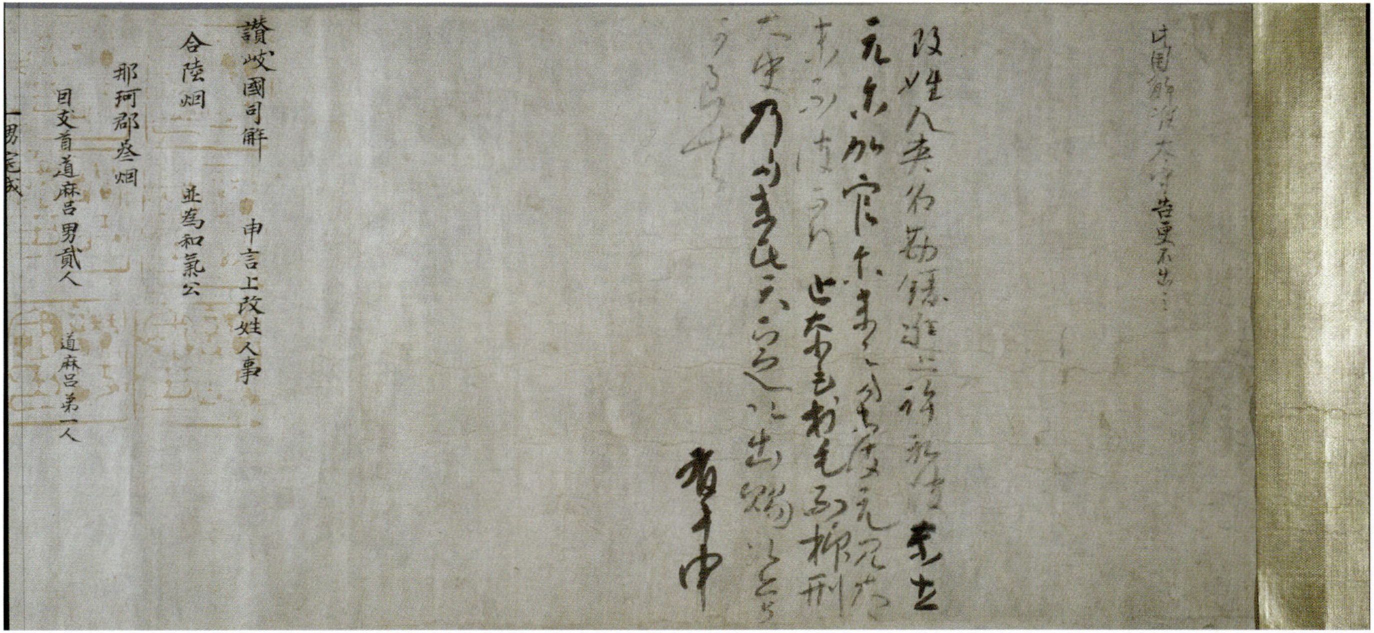

讃岐国司解　巻首藤原有年申文　　（東京国立博物館所蔵）
Image:TNM Image Archives Source:http://TnmArchives.jp/

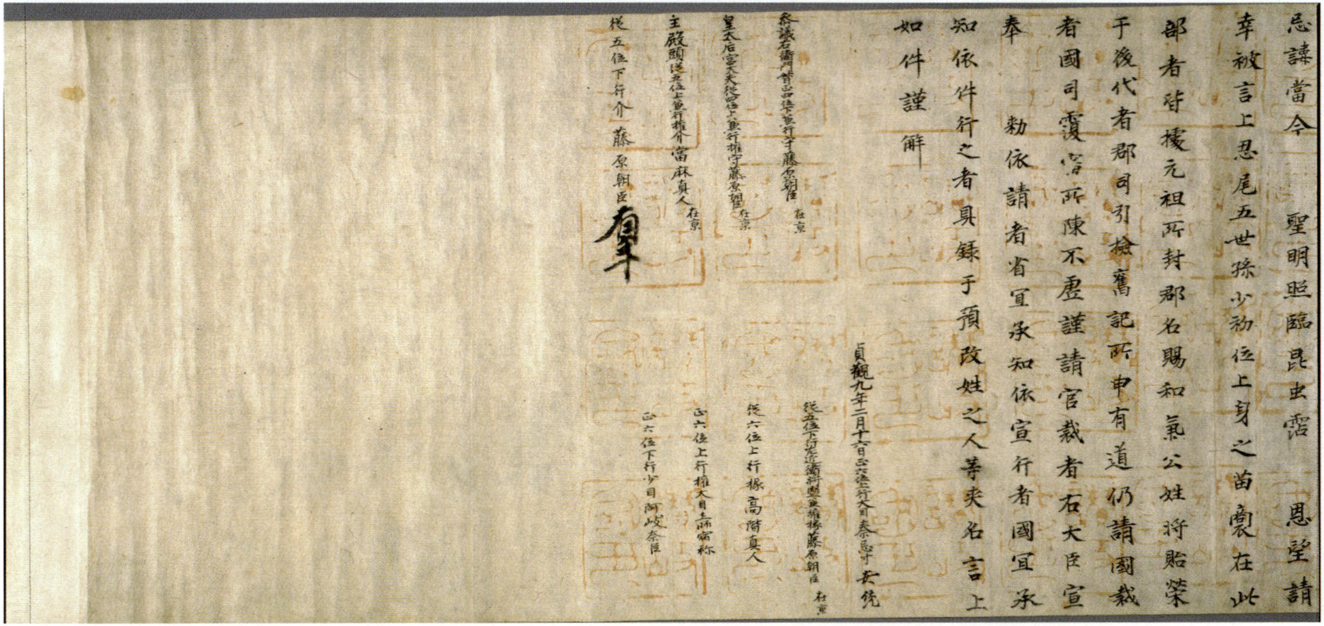

讃岐国司解　巻末藤原有年署名　（東京国立博物館所蔵）

Image:TNM Image Archives Source:http://TnmArchives.jp/

「天台寺門宗教文化資料集成」の発刊に際して

当山では、来る平成二十六年（二〇一四）に宗祖・智証大師の生誕一二〇〇年という大きな節目の年を迎えます。祖大師は、弘仁五年（八一四）、讃岐国那珂郡金倉郷（現在の香川県善通寺市）に生まれ、十五歳にして比叡山に登り、初代天台座主となられる修禅大師義真和尚のもとに入室されました。資性聡敏な祖大師は、やがて伝教大師、慈覚大師の法統を継ぐ法器として頭角を顕し、在唐六年に及ぶ入唐求法の大業を果たし、仏典の探求と研究に生涯を捧げられました。また、第五代天台座主として天台一宗の興隆、園城寺（三井寺）の再興などに尽力されました。大師伝を撰述した文章博士の三善清行は、「総じて一切大小乗の経論章疏を披覧する事三遍、自宗の大乗経并びに章疏を講演する事、勝計すべからず」と祖大師の学問への熱意と深い学殖を讃えております。

現在、当山では、来るべき勝縁に向けて祖大師の遺法を通暢すべく様々な準備を進めておりますが、その記念出版として智証大師並びに寺門関係資料を歴史編、教学編、国語・国文学編、仏教美術・文化財編に類別し集成した「天台寺門宗教文化資料集成」の刊行事業が企画されております。顧みますれば、当山の歴史資料については、昭和五十一年（一九七六）に調査が開始され、その成果の一部は平成十年（一九九八）から同十六年（二〇〇四）にわたって刊行された『園城寺文書』全七巻として結実をみたところであります。当山では、その後も調査を継続し、平成十二年（二〇〇〇）には山内勧学院の聖教類の調査に着手し、なお寺内に遺存する多くの歴史資料や天台寺門の教学に関する資料の整理、研究につとめてまいりました。

この度の国語・国文学編は、「天台寺門宗教文化資料集成」の一環として、当山に伝来する国宝・智証大師関係文書典籍をはじめとする諸資料の中から、特に訓点、草仮名資料など国語学、国文学上、貴重なものを集めて全五巻として編まれたものです。

尚、本書刊行に際しては、長年にわたり勧学院聖教の調査、研究にご尽力をいただいた北海道教育大学の石井行雄先生をはじめとする編纂委員の方々、また資料の写真撮影にご協力をいただいた京都国立博物館、奈良国立博物館、大阪市立美術館、本書出版の御快諾をいただいた三弥井書店の吉田栄治氏はじめ多くの関係各位に衷心より御礼を申し上げる次第です。

ここに謹んで本書を祖大師の御宝前に捧げ、寺門教学の益々の拡充と祖大師の御遺徳と御教えが普く十方に及ばんことを心から祈念し、発刊の辞といたします。

平成二十三年五月吉日

第九代天台寺門宗管長
第百六十三代総本山園城寺長吏
大僧正　福　家　英　明

序——「国語・国文学編」の刊行に当たって

園城寺には、多くの教学・歴史資料が伝来するのみでなく、国語、国文学方面から注目される聖教も多く遺存している。

その書目は、教学編、歴史編など収載予定のそれと重なるものが多い。

従って、教学編、歴史編など完結の暁には、いずれかの編の一部として利用が可能になるはずである。

しかし、各編の完成を待つには、杳然の感を拭いきれない。

国語・国文学方面から一定の需要のあることも事実であり、各編に分散されることから、国語・国文学研究のための利用の障害になることも予想される。

今回、国語・国文学方面から注目される聖教を厳選し、画像資料として提供するものである。

全体は、次の五巻から構成される。

第一巻　園城寺蔵智証大師将来聖教

第二巻　園城寺蔵智証大師自筆文字資料

第三巻　『寺徳集』諸本集成

第四巻　『新羅明神記』諸本集成

第五巻　園城寺勧学院本『沙石集』（零本）

各巻、カラー高画質の画像資料は、DVDに収め、利用の便とするために、書冊の形で白黒で印刷した本文並びに簡単な解説、利用の手引きを付す。ＤＶＤと両者相俟って、充全な活用が期待される。
従来、画像資料として全文を利用し難かったこれら聖教の公刊により、国語、国文学、引いては関連諸学の研究が進展する契機となることであろう。
園城寺に、これら聖教が伝来、所蔵されていることがより広く認識され、寺門興隆の一助となることを冀うものである。

平成二十三年五月吉日

天台寺門宗教文化資料集成
国語・国文学編編纂委員会

目次

園城寺蔵

智証大師自筆文字史資料

〔十九〕唐人送別詩并尺牘

19–00–1

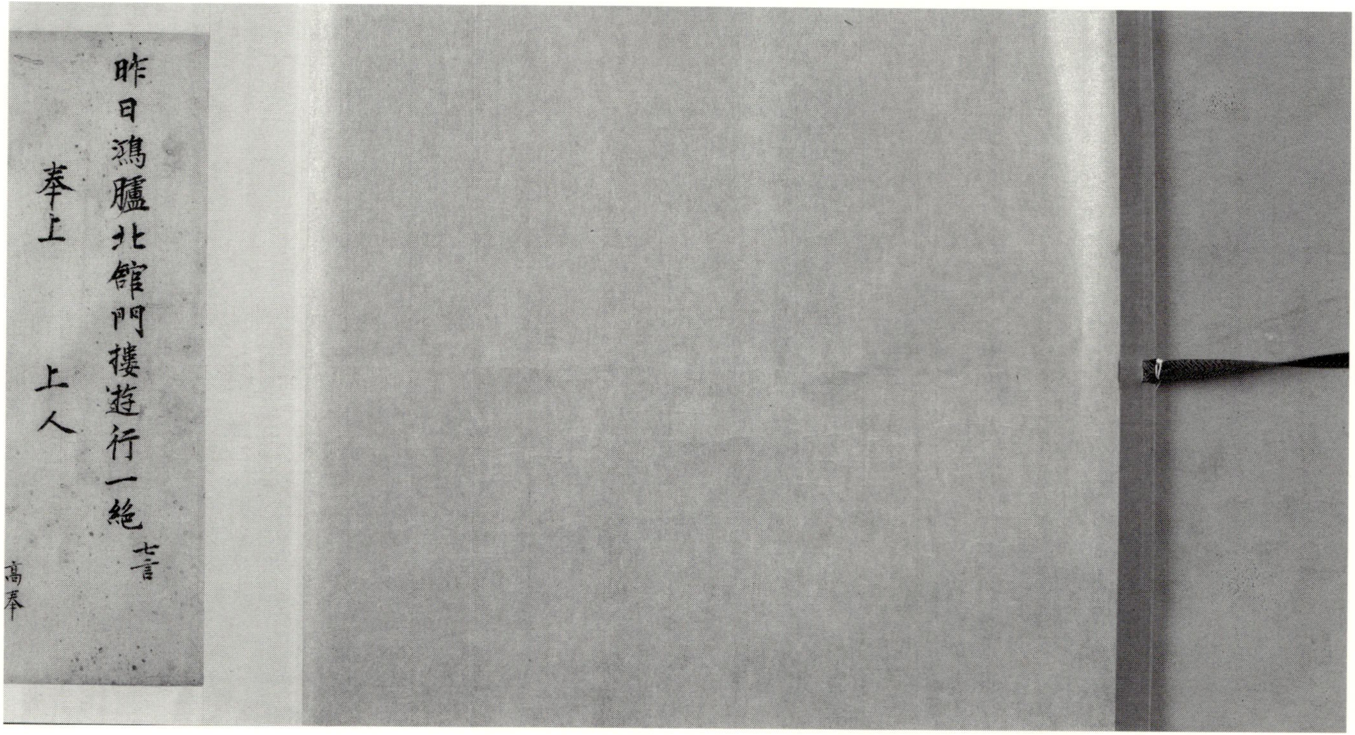

19–01–1

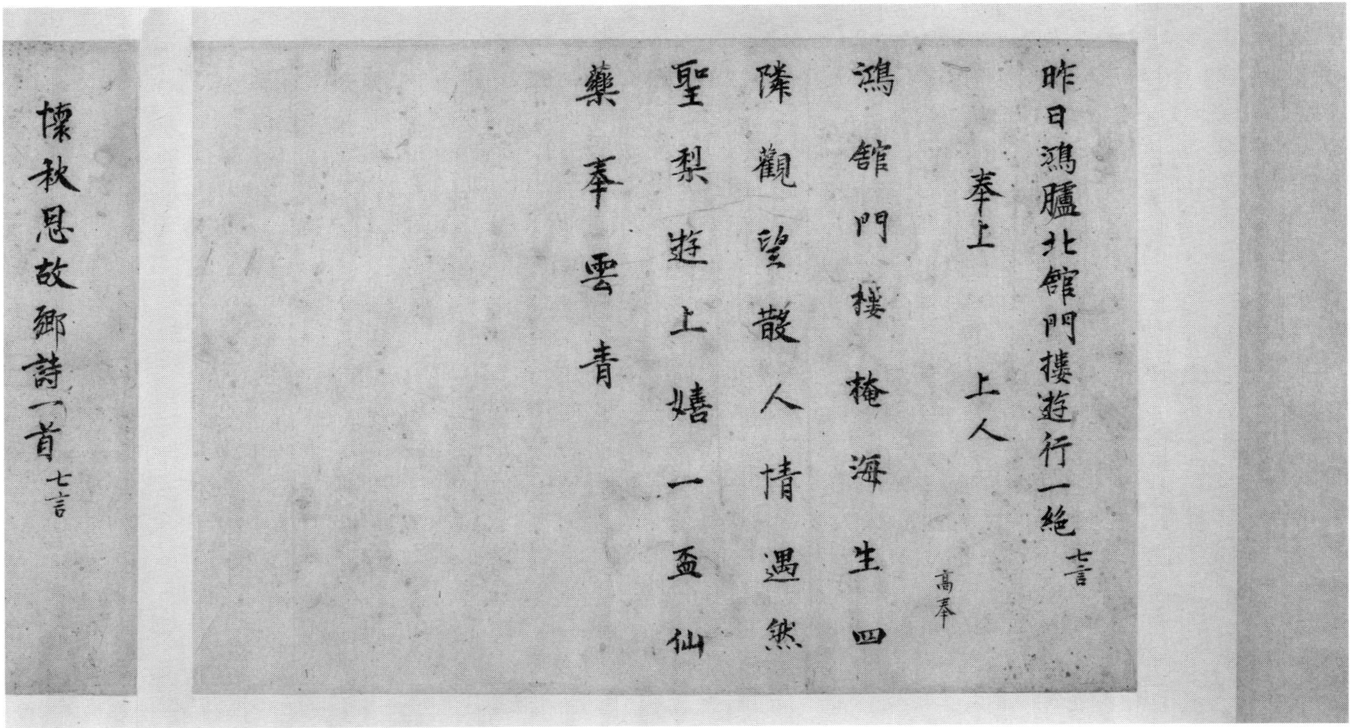
昨日鴻臚北館門樓遊行一絶 七言
奉上　上人　高奉
鴻館門楼掩海生四
隣觀望散人情遇然
聖梨遊上嬉一盃仙
藥奉雲青

懐秋思故郷詩一首 七言

19–02–1

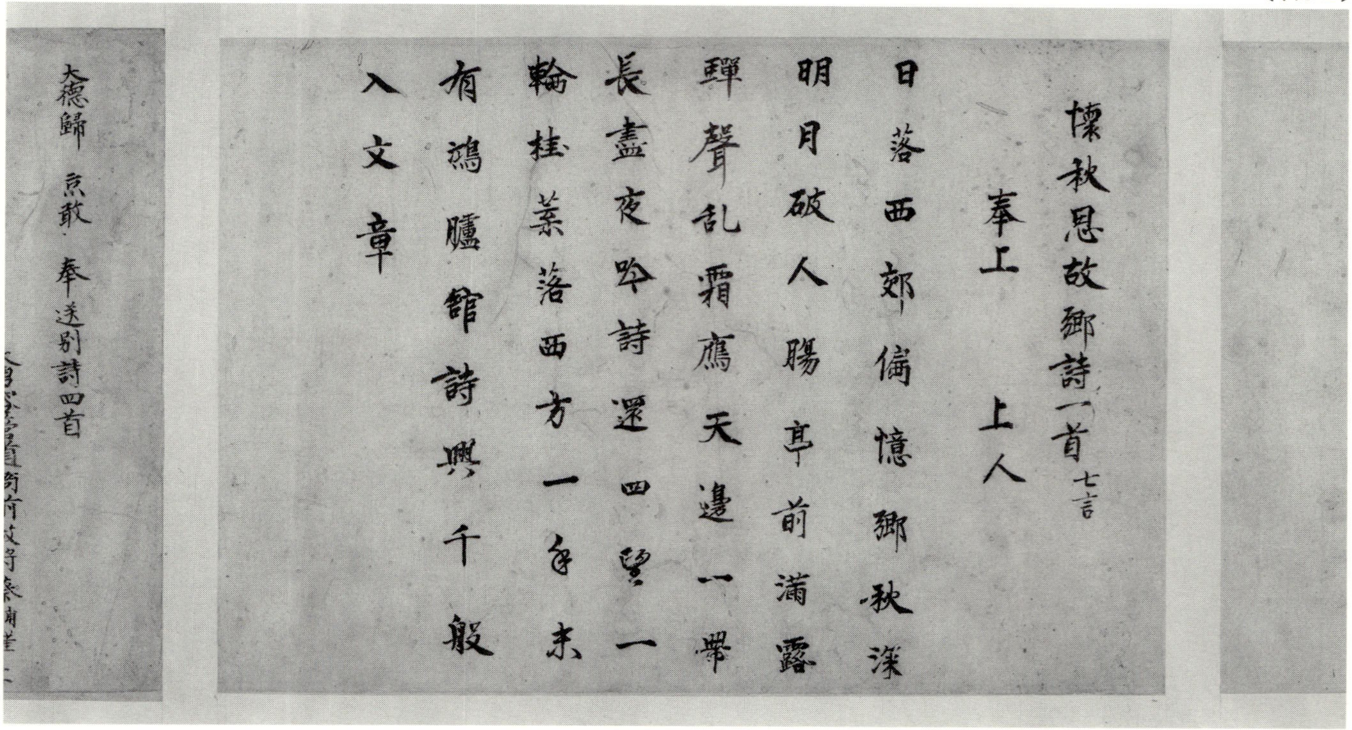
懷秋思故鄉詩一首七言
奉上　上人
日落西郊倚憶鄉秋深
明月破人腸亭前滿露
蟬聲亂霜鴈天邊一帶
長盡夜吟詩還四望一
輪桂葉落西方一年未
有鴻臚館詩興千般
入文章

大德歸京敢奉送別詩四首

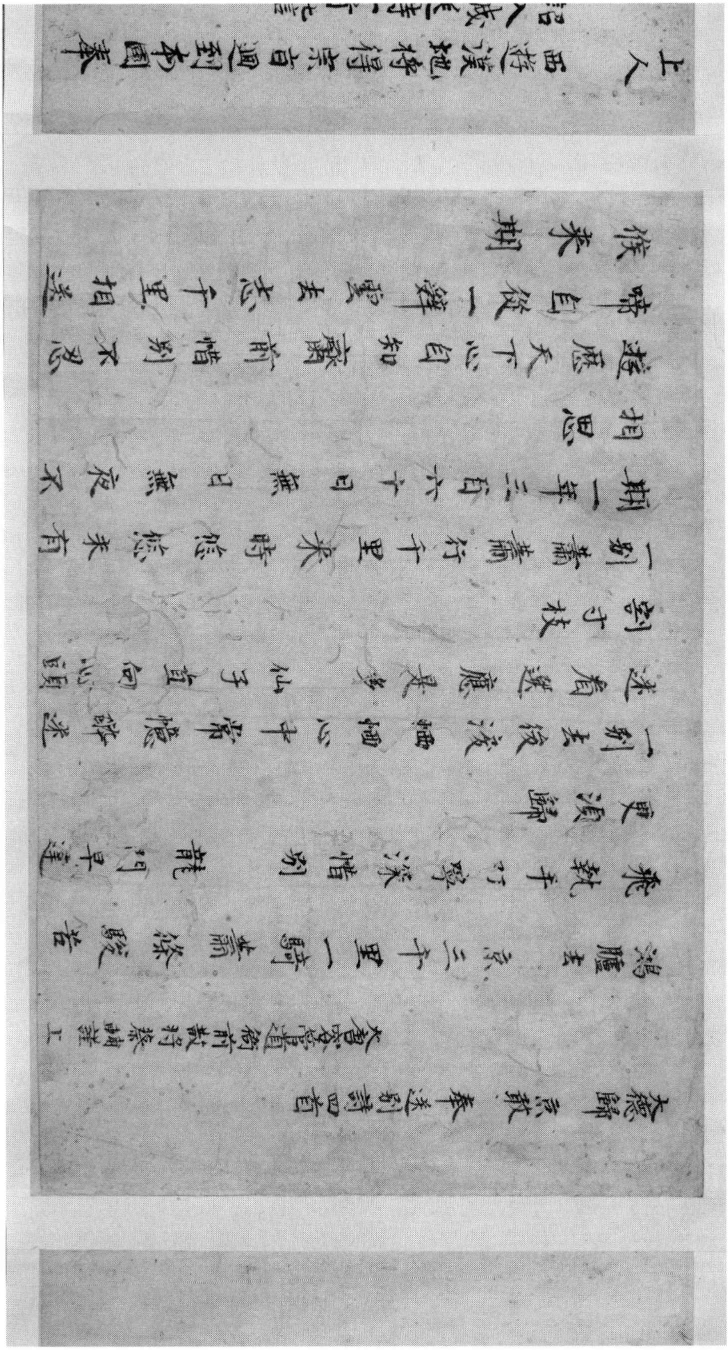

〔十九–三〕

19–04–1

〔十九-四〕

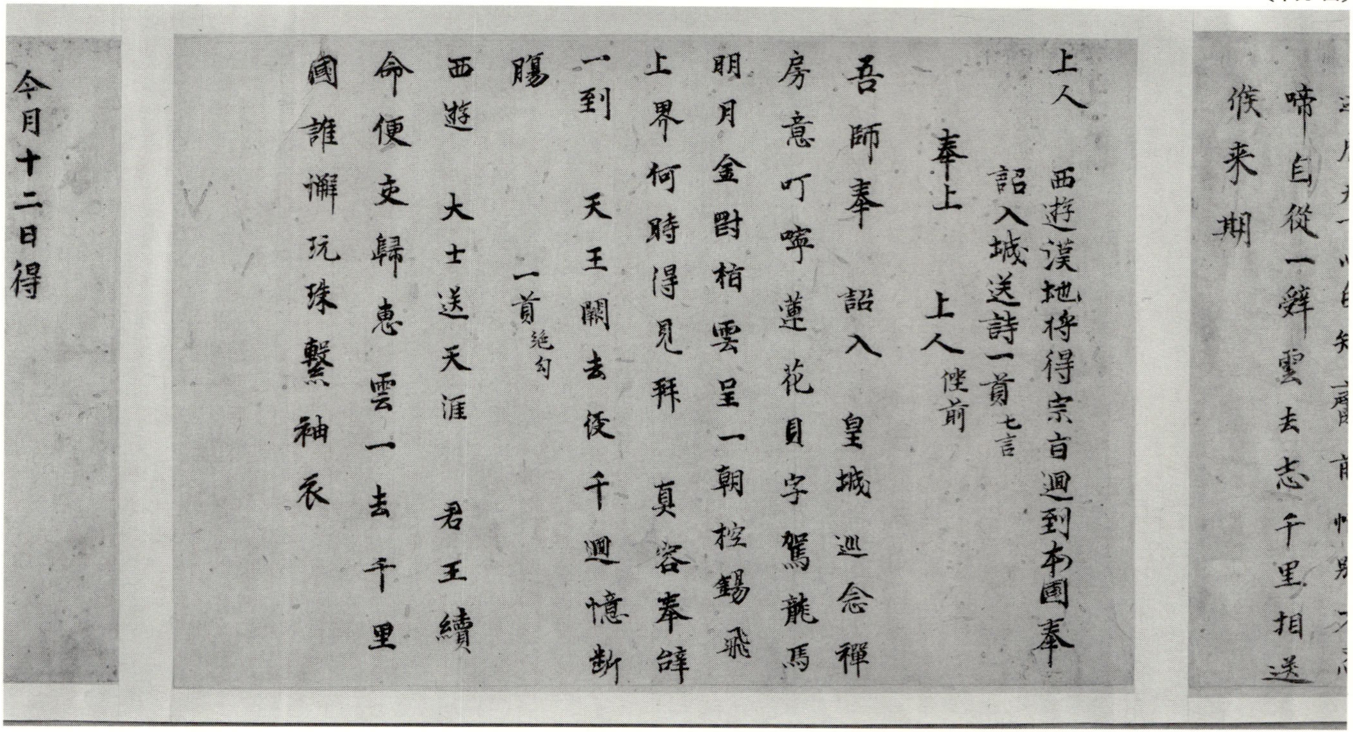
啼鳥從一聲雲去志千里相送
候来期

上人　西遊漢地将得宗旨迴到本國奉
詔入城送詩一首 七言
奉上　上人 侍前
吾師奉詔入皇城迴念禪
房意叮嚀蓮花貝字駕龍馬
明月金對栢雲呈一朝控錫飛
上界何時得見拜真容奉辞
一到天王闕去後千迴憶斷
腸　一首 絶句
西遊大士送天涯　君王續
命便吏歸恵雲一去千里
國誰攤玩珠繫袖衣

今月十二日得

19-05-1

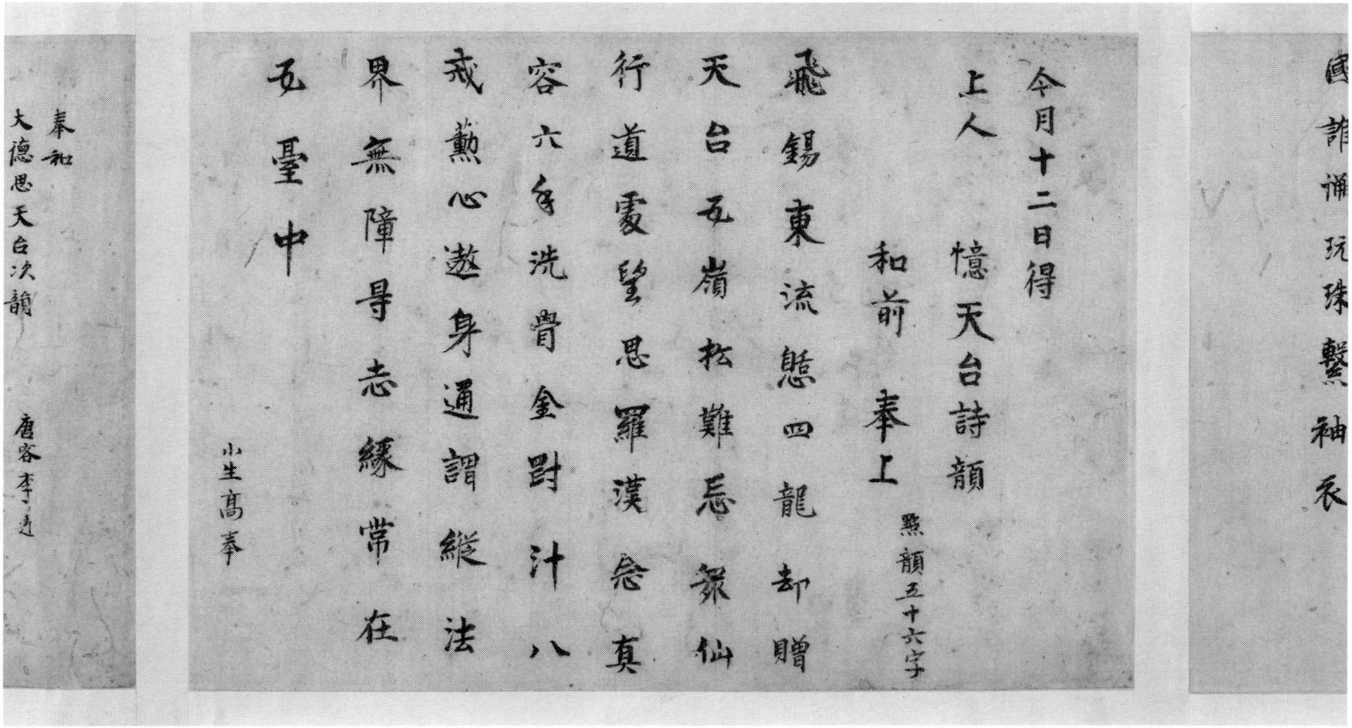
國詵誦玩珠繫袖衣
今月十二日得
上人 憶天台詩韻
和前奉上
飛錫東流態四龍却贈
點韻五十六字
天台五嶺松難忘象仙
行道處望思羅漢念真
容六手洗胃金對汁八
戒勲心遨身通謂縱法
界無障尋志緣常在
五臺中
小生高奉
奉和
大德思天台次韻
唐客李適

19–06–1

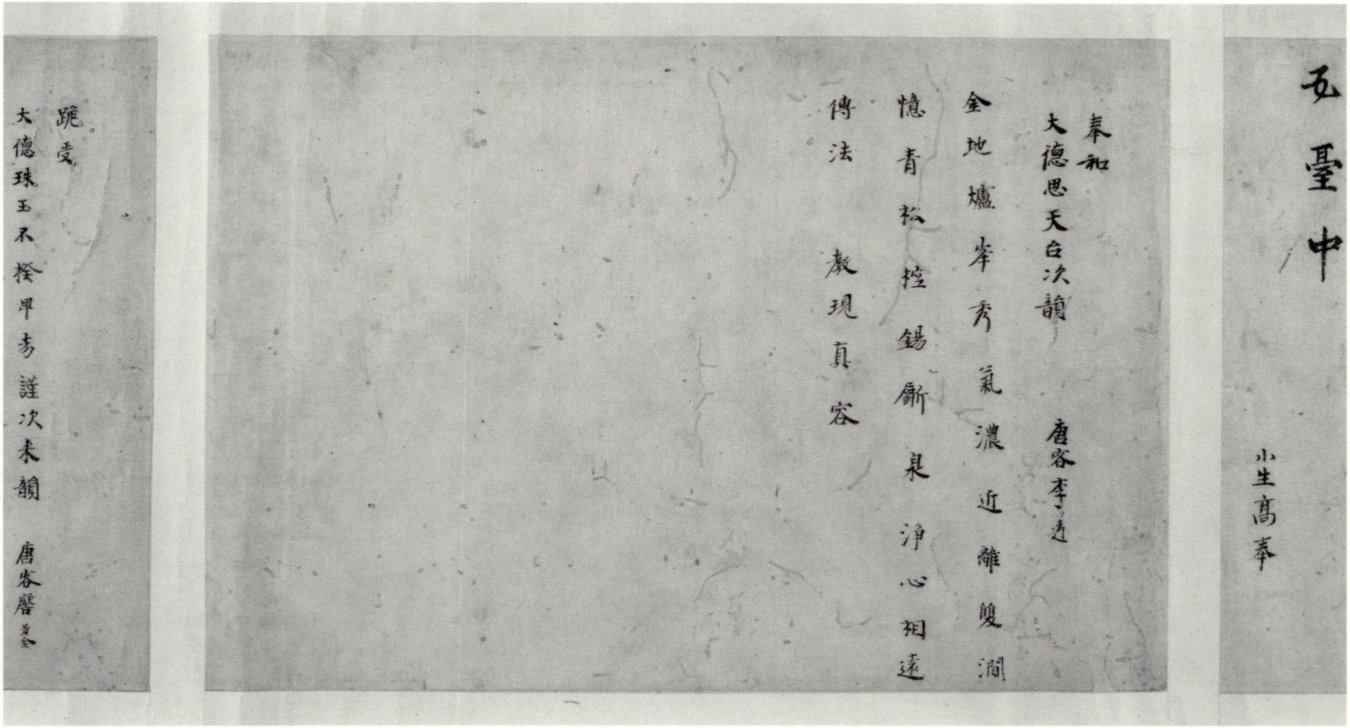

五臺中
小生高奉

奉和
大德思天台次韻 唐客李達
金地爐峯秀氣濃 近離雙澗
憶青松 控錫廝泉淨心相遠
傳法 教現真容

跪受
大德珠玉不揆卑劣謹次来韻 唐客曆

19-07-1

〔十九-七〕

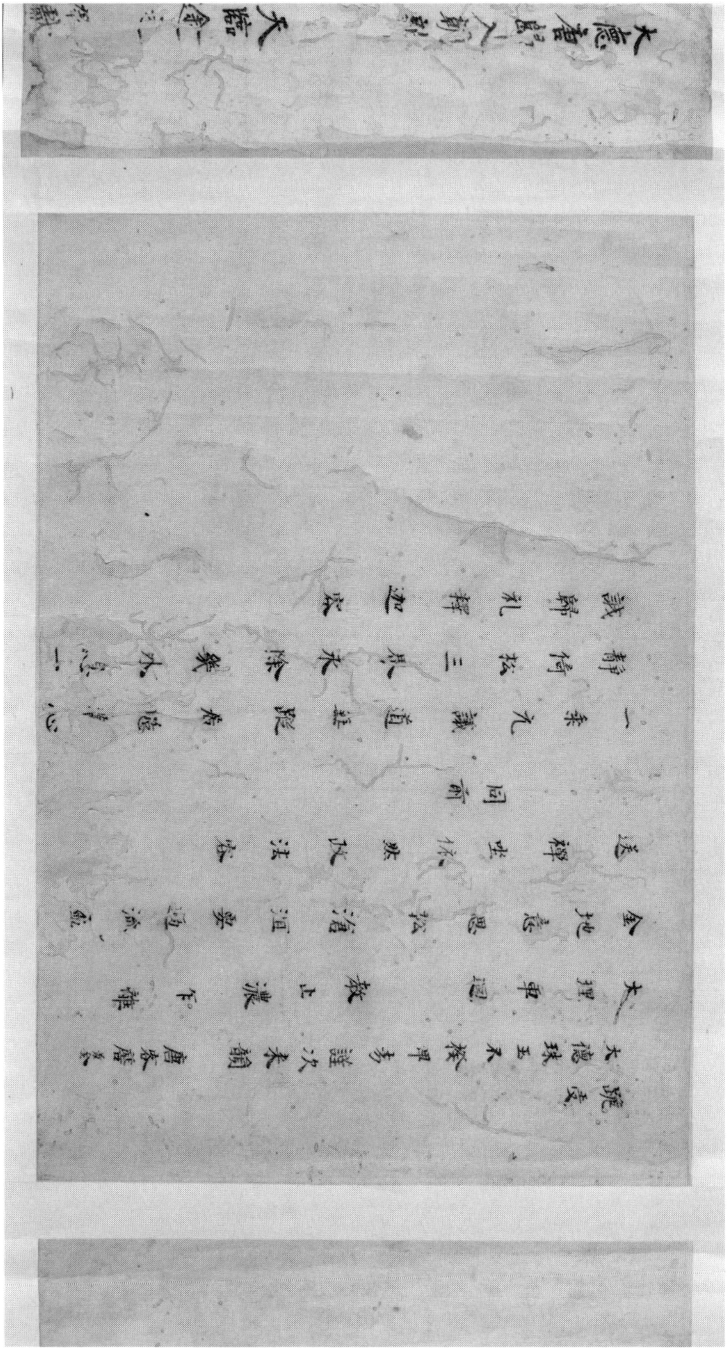
跪受
大德珠玉不揆卑劣謹次來韻　唐客
大理車迴　教止濃　下離
金地意思松滄洹要通流
送禪坐依然改法容
同前
一乘元議道莚蹤看隱淨心
靜倚松三界永除幾水息一
識歸礼釋迦容

19-08-1

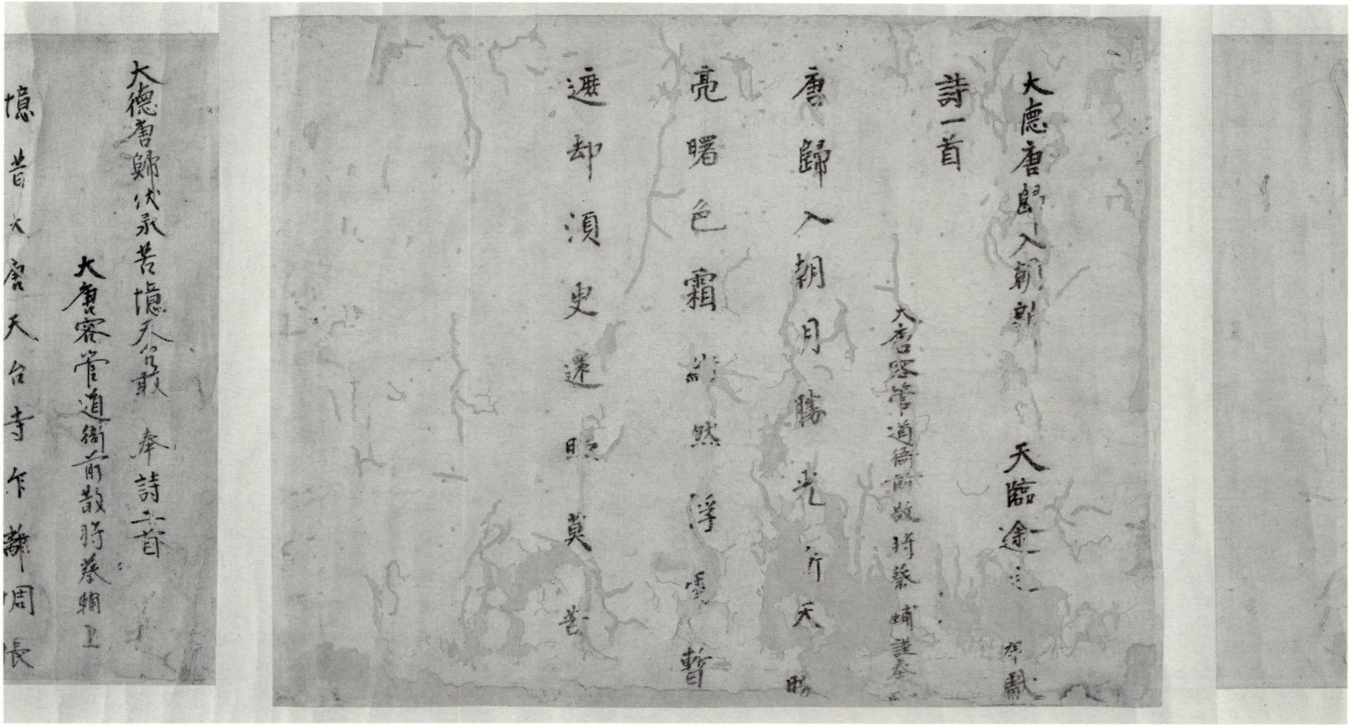

19–09–1

19–10–1

〔十九–九〕

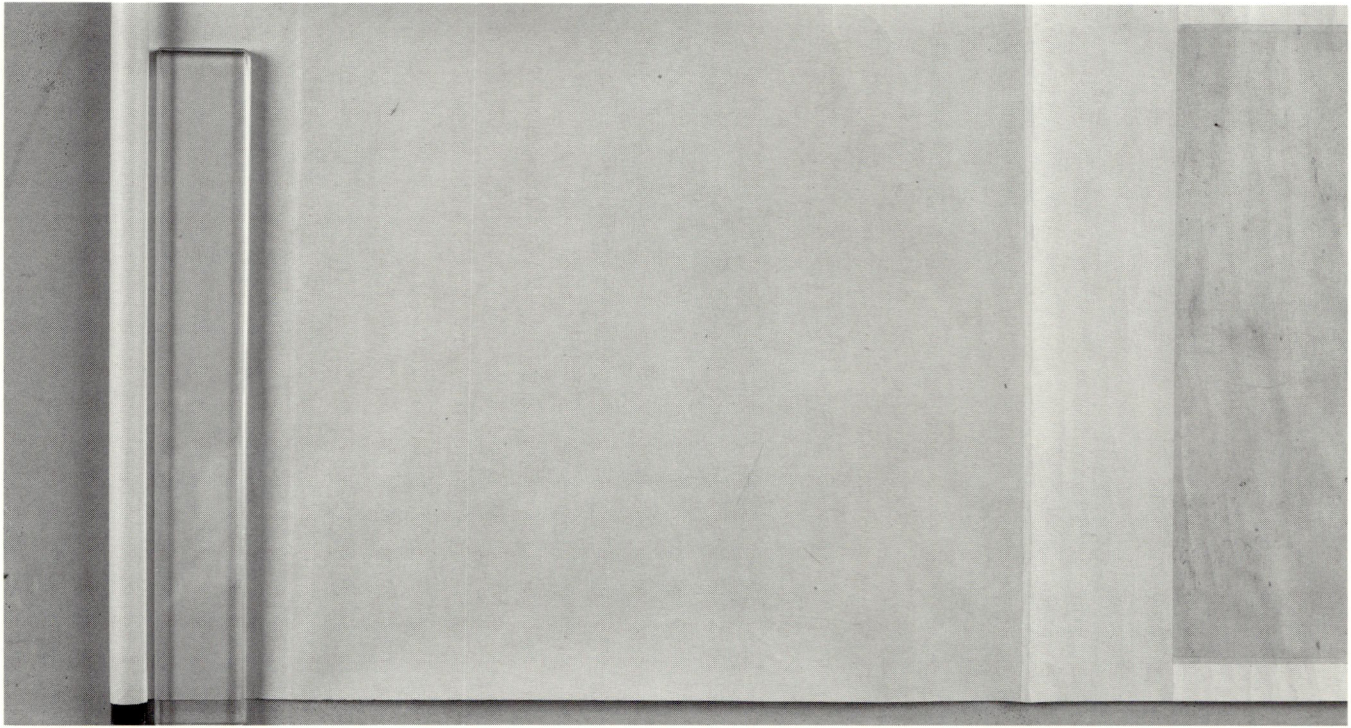

19–11–1

19-12-1

〔二十〕唐人送別詩并尺牘

20-00-1

20–01–1

〔二十一〕

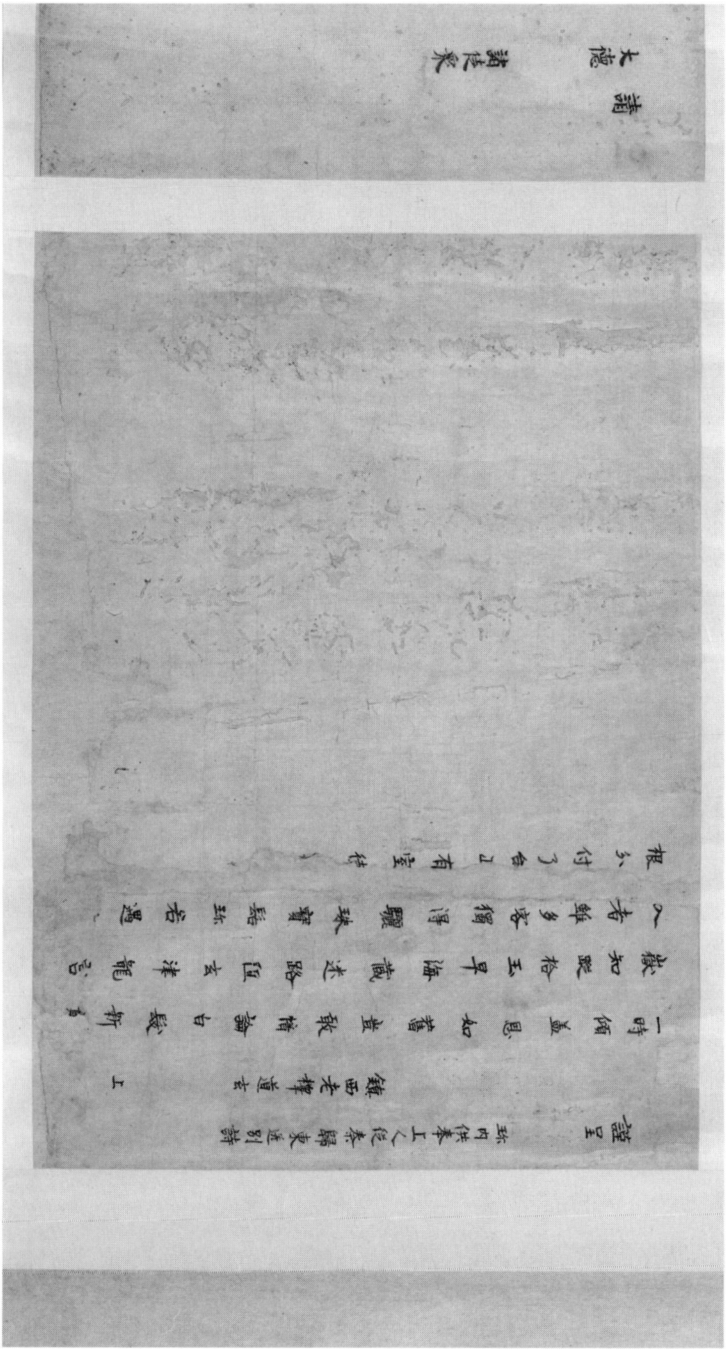

謹呈
珎内供奉上人從秦歸東送別詩
鎮西老橅道玄 上
一時傾蓋恩如舊豈敢憎論白髮新自
歇知跳拾玉早海藏迷路徂玄津龍言
入者鮮多客獨淨驪珠寶髭珎若遇
根分付了台上有室待
請
大德
諸徒衆

20-02-1

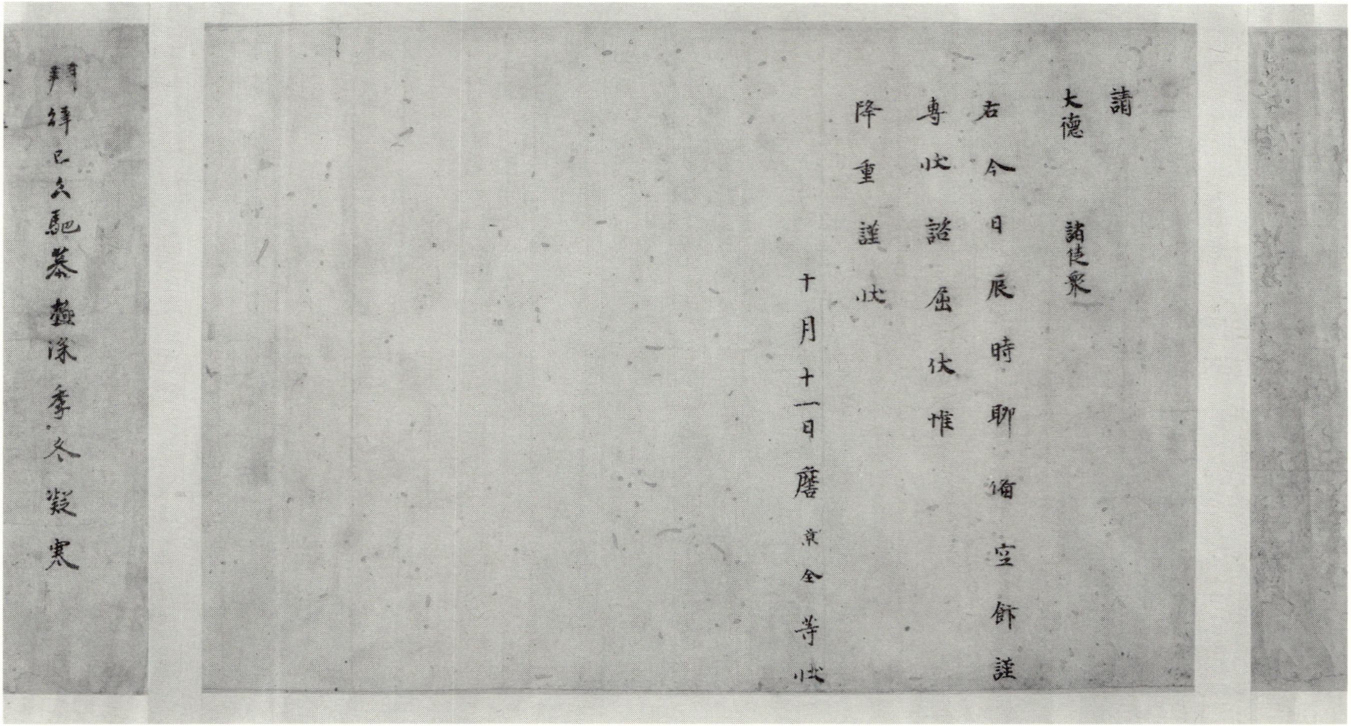

請
大德　諸徒衆
右今日辰時聊備空飾謹
專状諸屈伏惟
降重謹状
十月十一日磨京全等状

[illegible]已久馳慕無涂季冬凝寒

20-03-1

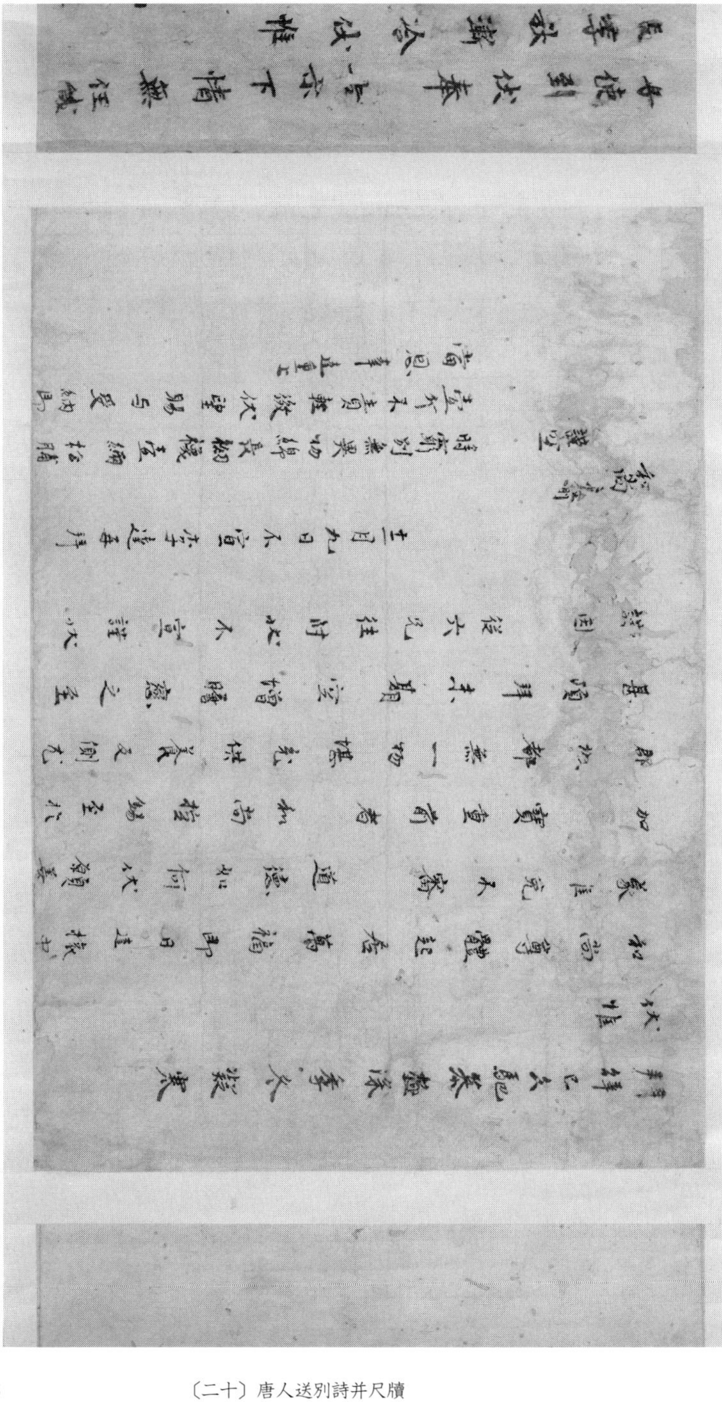

〔二十—三〕

20-04-1

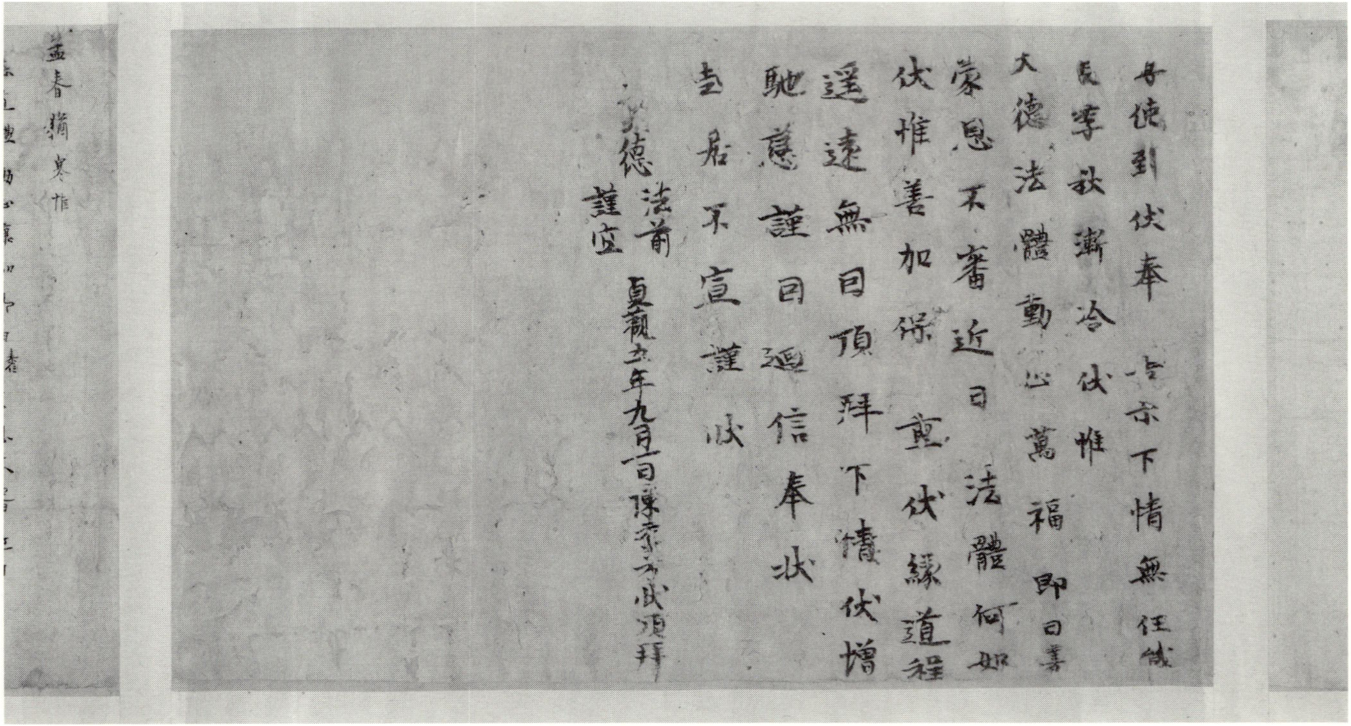
去德到伏奉 一宗下情無任誠
辰寒秋漸冷伏惟
大德法體動止萬福即日蒙
蒙恩不審近日法體何如
伏惟善加保重伏緣道程
遥遠無由頂拜下情伏增
馳戀謹因廻信奉状
去居不宣謹状
大德法前
謹空
貞觀五年九月一日僧宗叡状頂拜

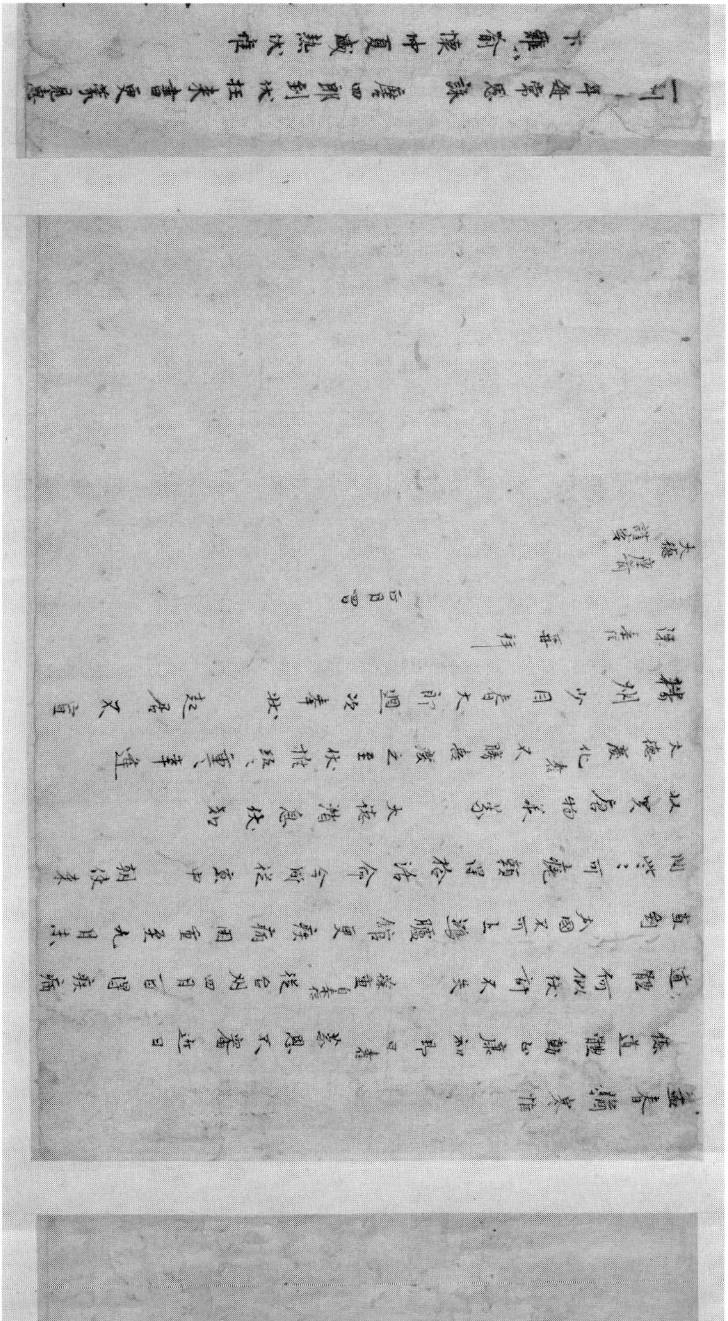
〔二十一五〕

20-06-1

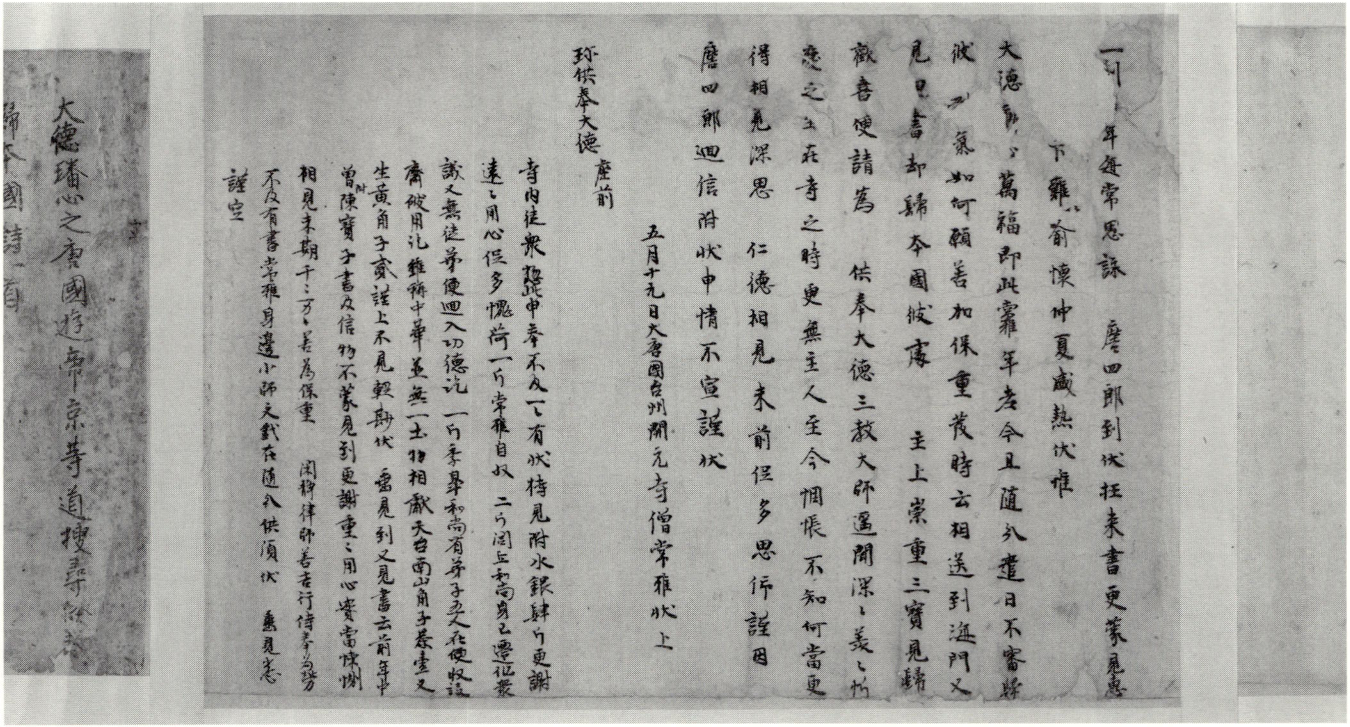
一別々年每常思詠　詹四郎到伏拜來書更蒙恩惠
下難以諭懷仲夏盛熱伏惟
大德動々萬福即此常雅年老今且隨分遣日不審歸
彼方氣如何願善加保重茂時云相送到海門又
見日書却歸本國彼處　主上崇重三寶見歸
歡喜便請為　供奉大德三教大師還聞深々義々忻
恩之在寺之時更無主人至今惆悵不知何當更
得相見深思　仁德相見未前但多思仰謹因
詹四郎迴信附狀申情不宣謹狀
五月十九日大唐國台州開元寺僧常雅狀上
珍供奉大德　座前
寺內徒衆總此申奉不及一々有狀特見附水銀肆兩更謝
遠々用心但多愧荷一兩常雅自收　二兩闍上和尚身已遷化衆
議又無徒弟便迴入功德訖　一兩李昇和尚有弟子丞人在便收設
齋破用訖雖稱中華並無一土物相獻天台南山角子并壹丈
生黃角子賫謹上不見輕鄙伏　盡見到又見書云前年中
曾陳寶子書及信物不蒙見到更謝重々用心賫當慚愧
相見未期千万々善為保重　閑静律師善吉行侍奉均勞
不及有書常雅身邊小師文鐵在隨分供須伏　惠見悉
謹空

大德播之唐國遊帝京等道搜尋
歸本國詩一首

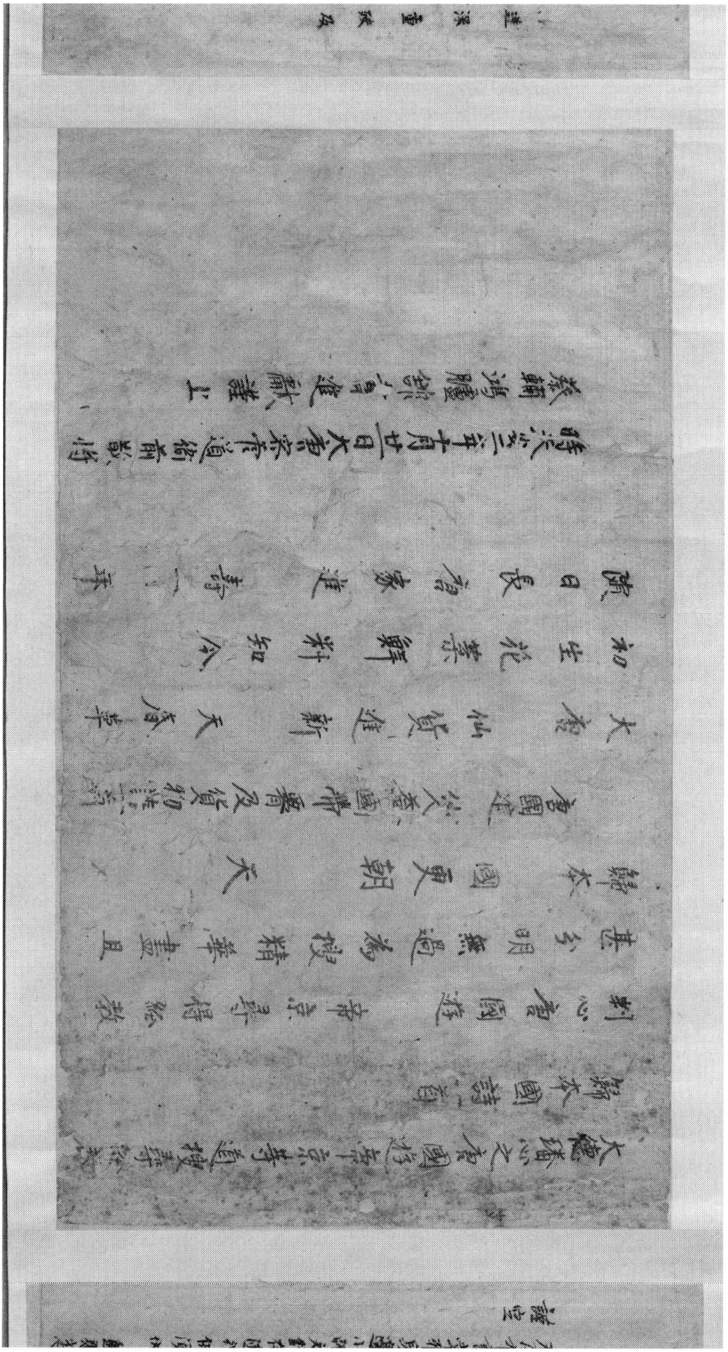

〔二十一七〕

20-08-1

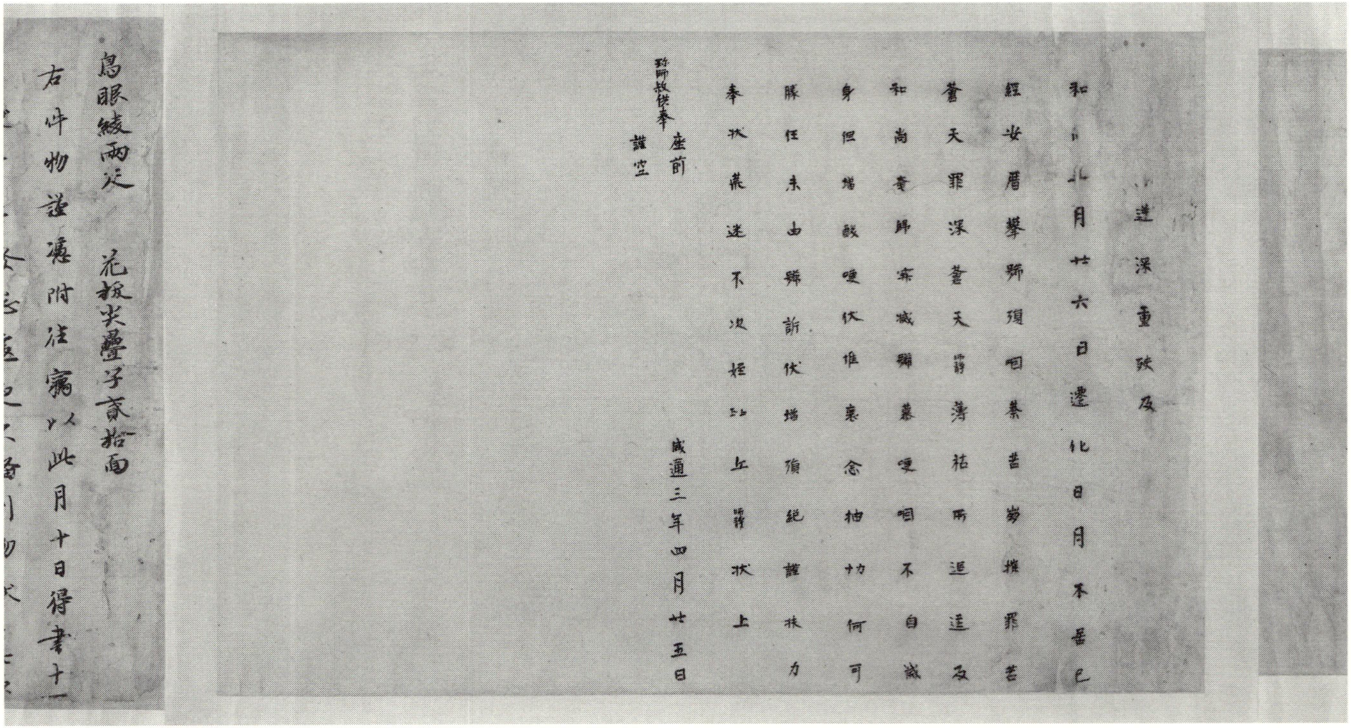
違深重致及
和上以此月廿六日遷化日月不居已
經安厝攀號須咽棊苦勞推罪苦
蓄天罪深蓋天罰薄祐所迫追及
和尚奄歸寂滅攀慕哽咽不自滅
身但增酸哽伏惟哀念抽切何可
勝任未由號訴伏增須絕謹林力
奉狀荒迷不次姪弘上謹狀上
咸通三年四月廿五日
勁師叔侍奉座前
謹空
鳥眼綾兩疋　花叔尖疊子貳拾面
右件物謹憑附往窩以此月十日得書十一

〔二十-九〕

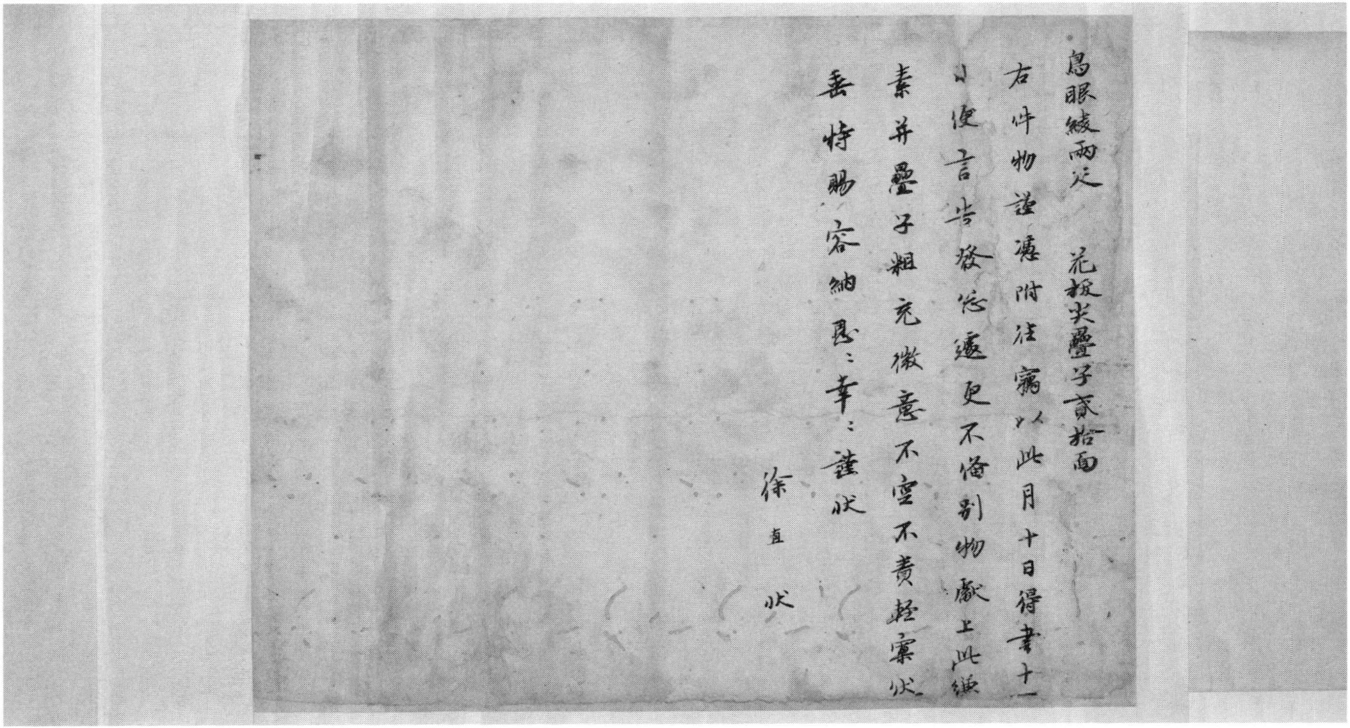

鳥眼綾兩疋　花被尖疊子貳拾面
右件物謹憑附往寵以此月十日得書十一
日便言告發悠遠更不悋別物獻上此纈
素并疊子粗充微意不空不責輕棄伏
垂恃賜容納恩〻幸〻謹状
徐　直　状

20-10-1

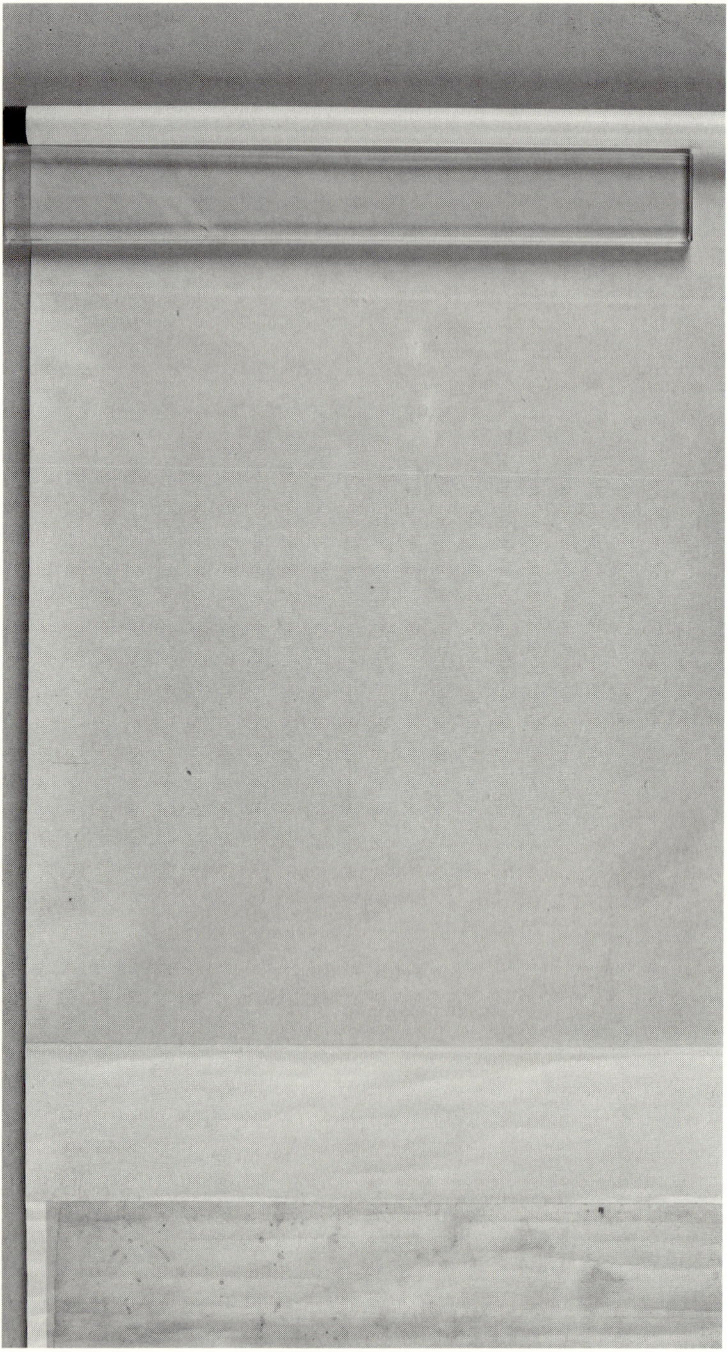

20–11–1

20–12–1

〔二十三〕 福州温州台州求法目録

23-00-1

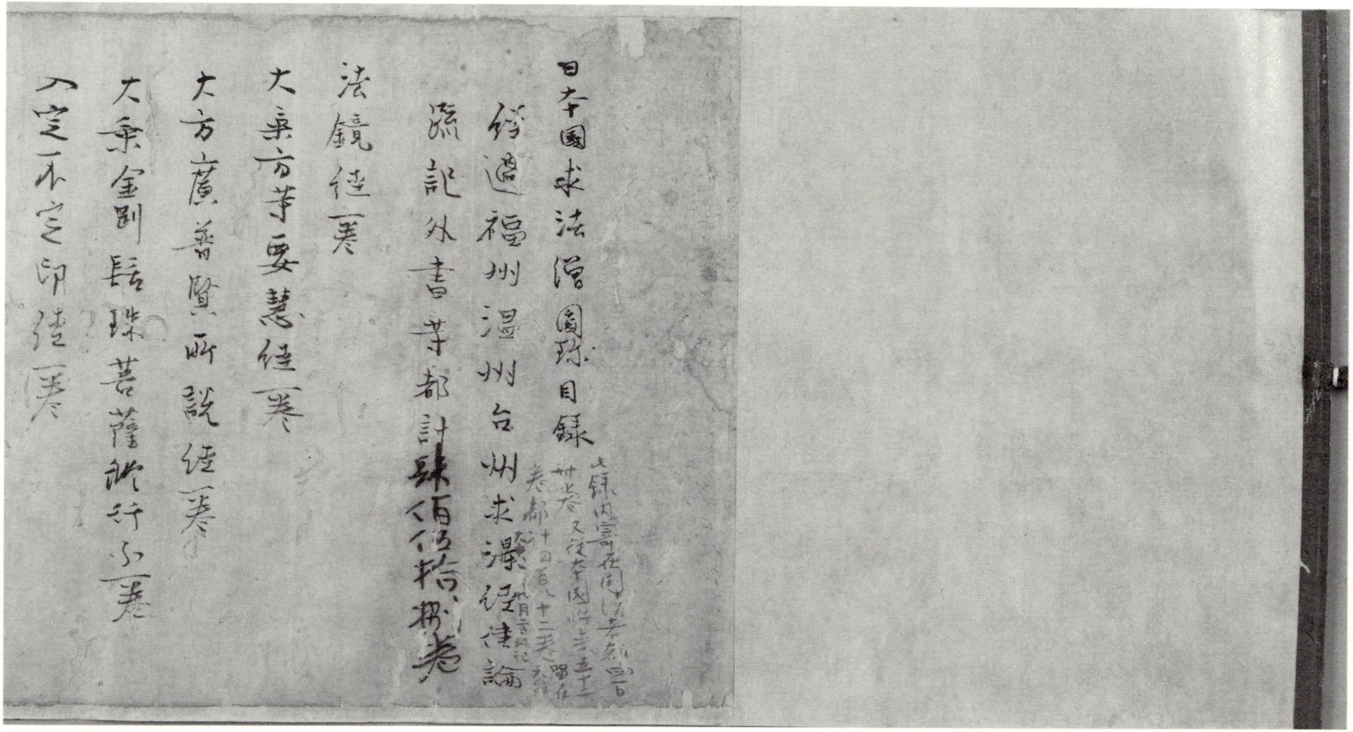

日本國求法僧圓珍目録
於福州温州台州求得經律論
疏記外書等都計肆佰伍拾捌卷

法鏡經一卷
大乗方等要慧經一卷
大方廣普賢所説經一卷
大乗金剛髻珠菩薩脩行分一卷
入定不定印經一卷

23–01–1

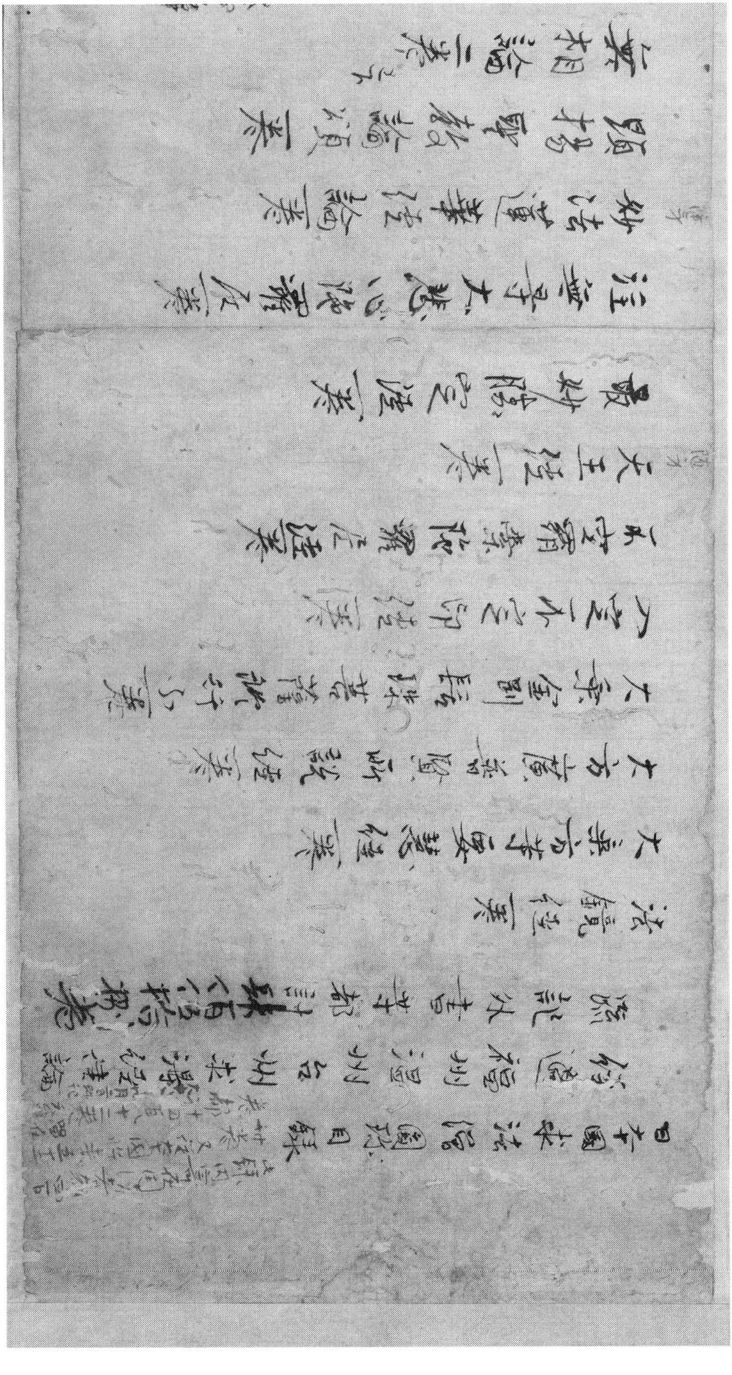

日本國求法僧圓珍目録
[illegible]福州温州台州求得經律論
疏記外書等都計肆佰伍拾捌巻
法鏡經一巻
大乘方等要慧經一巻
大方廣普賢所説經一巻
大乘金剛髻珠菩薩修行分一巻
入定不定印經一巻
不空羂索陀羅尼經一巻
天王經一巻
最妙勝定經一巻
注無量大悲心陀羅尼一巻
妙法蓮華經論一巻
顯揚聖教論頌一巻
無相論二巻

└ 第一紙

23-02-1

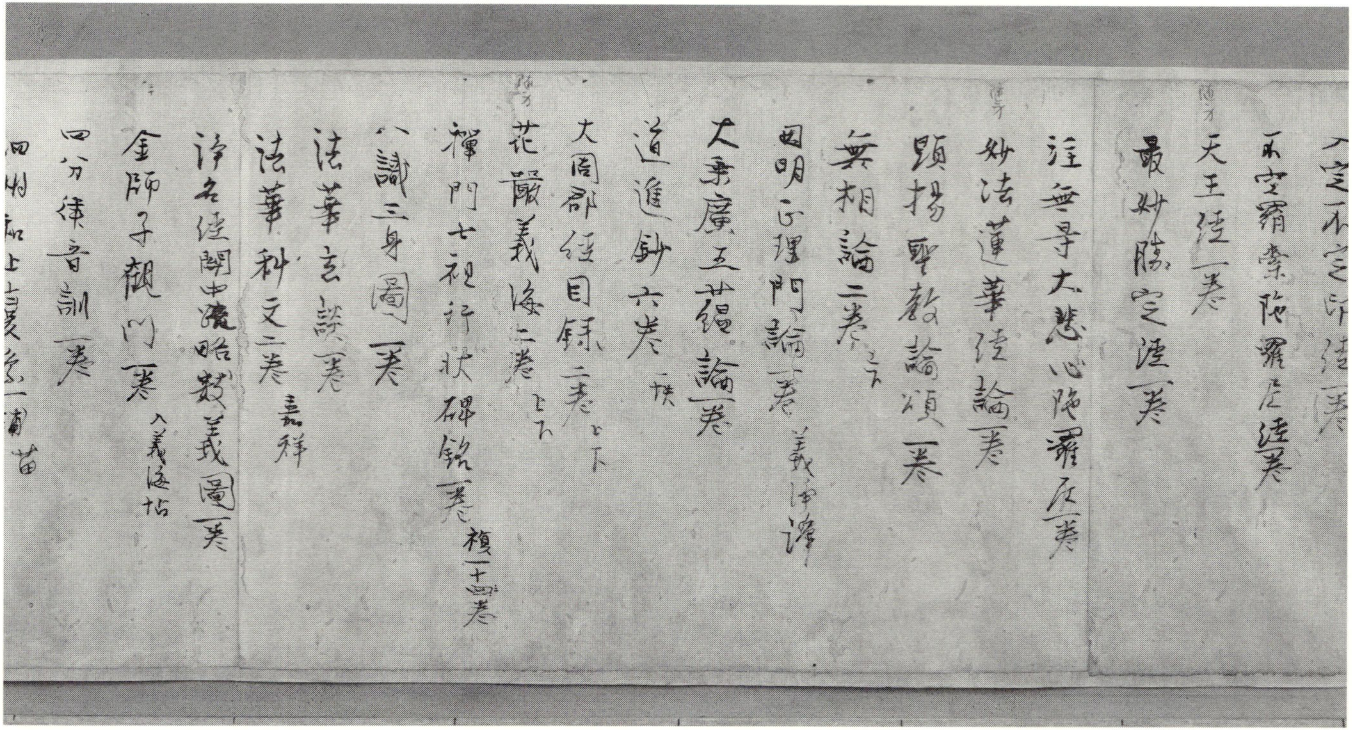

不空羂索陀羅尼経一巻
随方
天王経一巻
最妙勝定経一巻
注無量大悲心陀羅尼一巻
随方
妙法蓮華経論一巻
顕揚聖教論頌一巻
無相論二巻 上下
因明正理門論一巻 義浄訳
大乗廣五蘊論一巻
道進鈔六巻 一帙
大周部経目録二巻 上下
随方
花厳義海二巻 上下
禅門七祖行状碑銘一巻 複一十四巻
八識三身図一巻
法華玄談一巻
法華科文二巻 嘉祥
浄名経関中疏略数義図一巻
金師子観門一巻 入義海帖
四分律音訓一巻

∟ 第二紙　　∟　　23-03-1

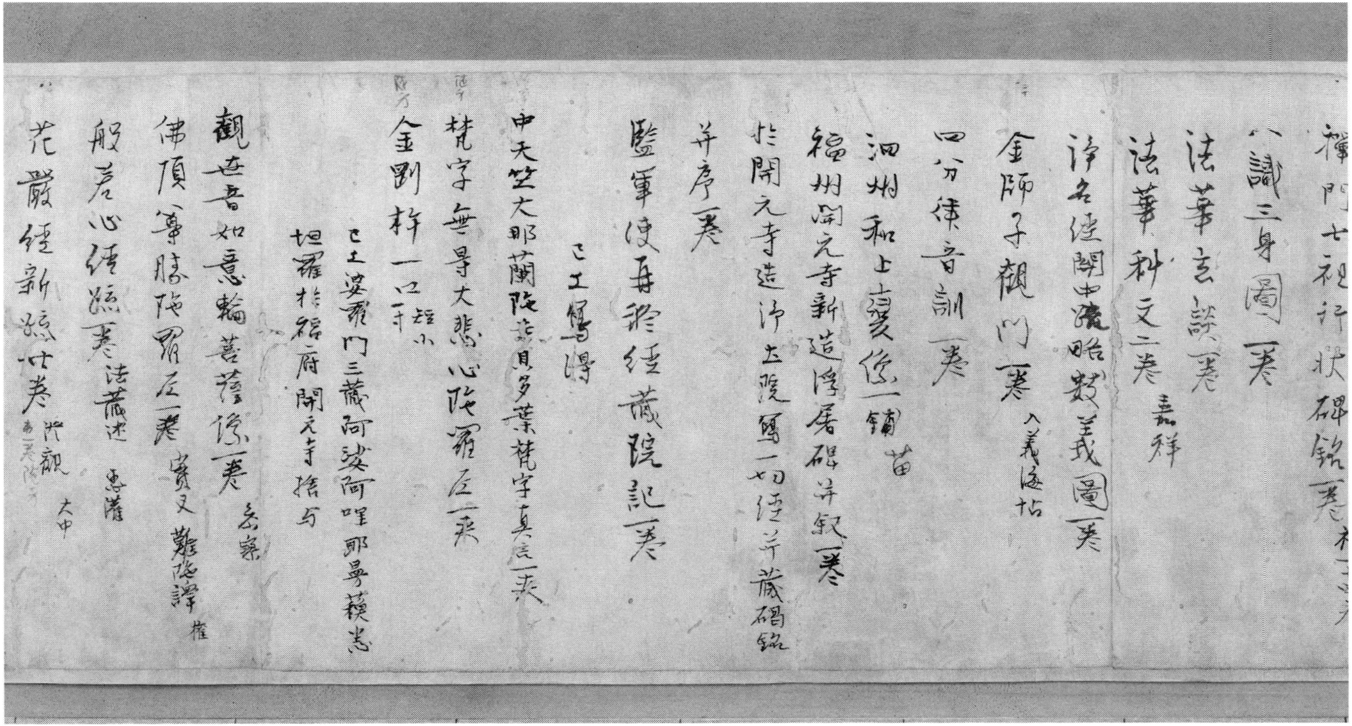

禪門七祖行状碑銘一巻

八識三身圖一巻

法華玄談一巻

法華科文二巻 嘉祥

淨名經關中疏略數義圖一巻

金師子觀門一巻 入義海拾

四分律音訓一巻

泗州和上真像一鋪 苗

福州開元寺新造淨居碑并叙一巻

於開元寺造淨土院寫一切經并藏碣銘

并序一巻

監軍使再修經藏院記一巻

已上僧得

中天竺大那蘭陀寺貝多葉梵字真言一夾

梵字無量大悲心陀羅尼一本

金剛杵一口 短小 一寸

已上婆羅門三藏阿婆阿哩耶曇摸志

怛羅拃縣府開元寺捨与

觀世音如意輪菩薩儀一巻 名樂

佛頂尊勝陀羅尼一巻 實叉難陀譯 權

般若心經疏一巻 法藏述 惠灌

花嚴經新疏廿巻 澄觀 大中

└ 第三紙 └

23-04-1

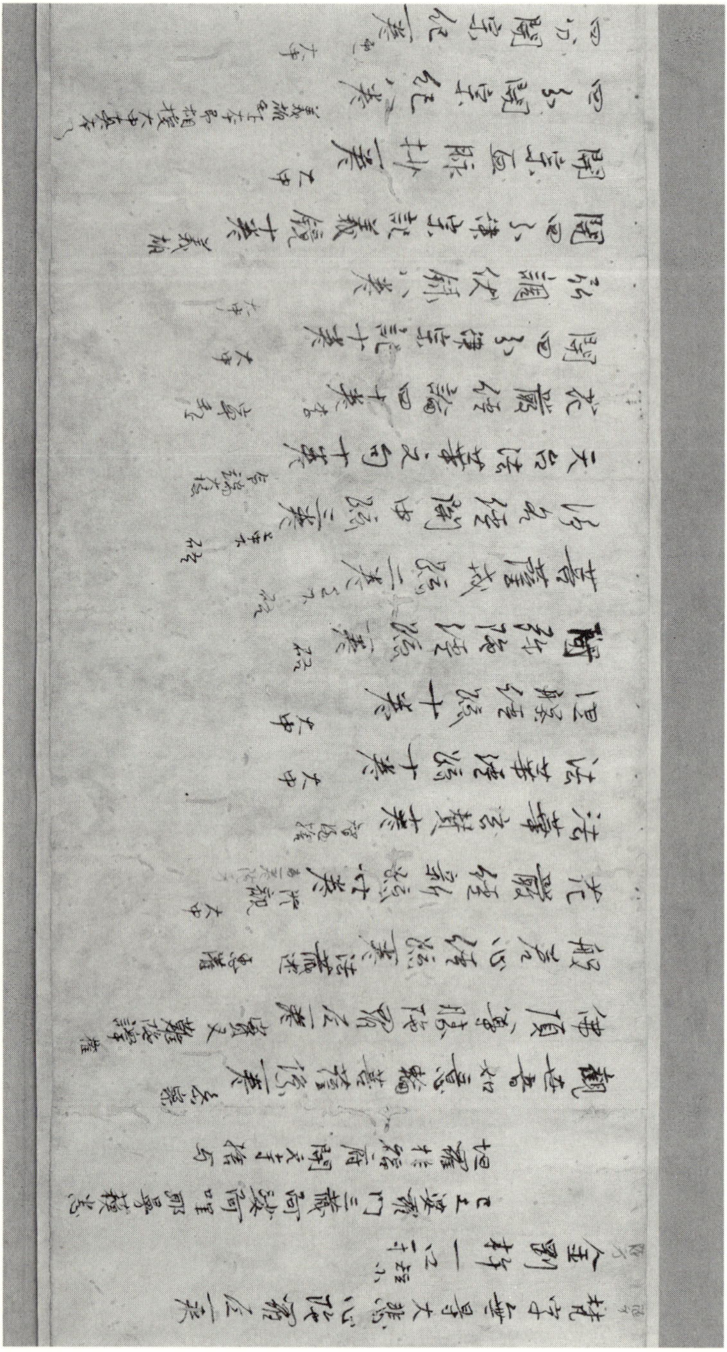

第四紙

23-05-1

第五紙

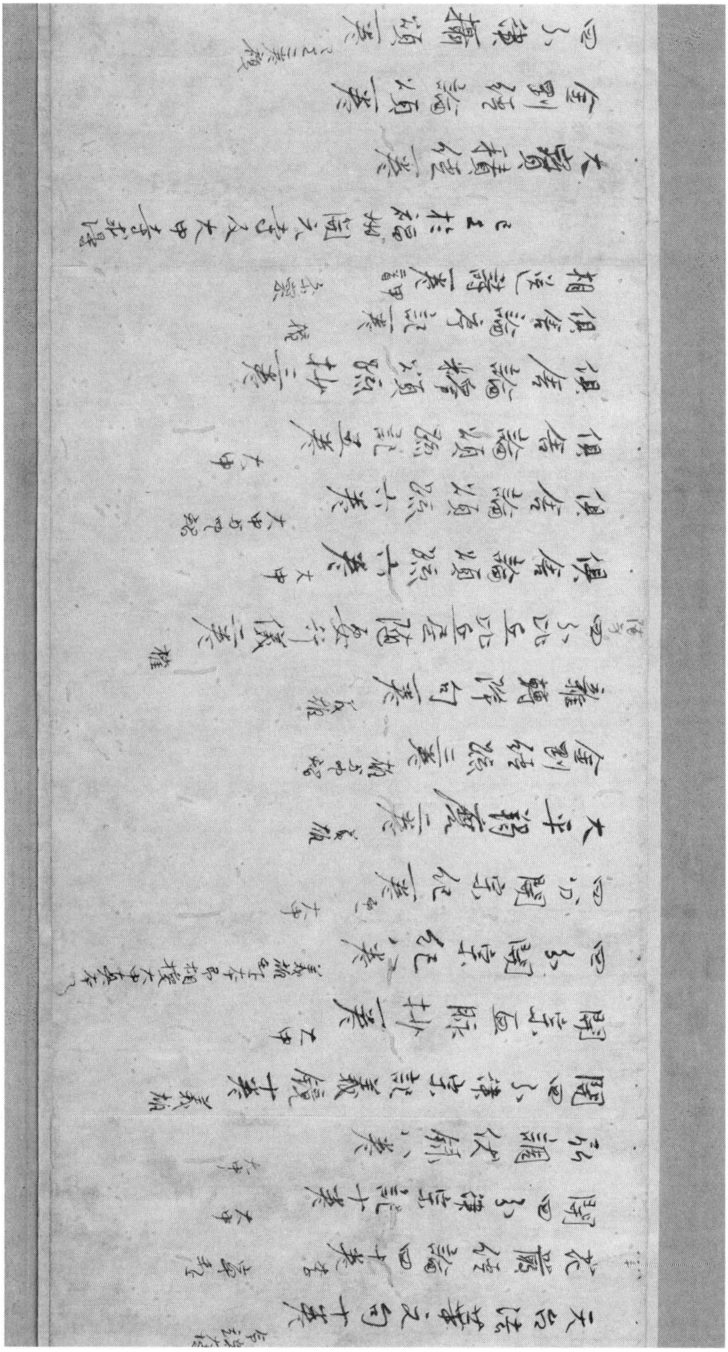

23-06-1

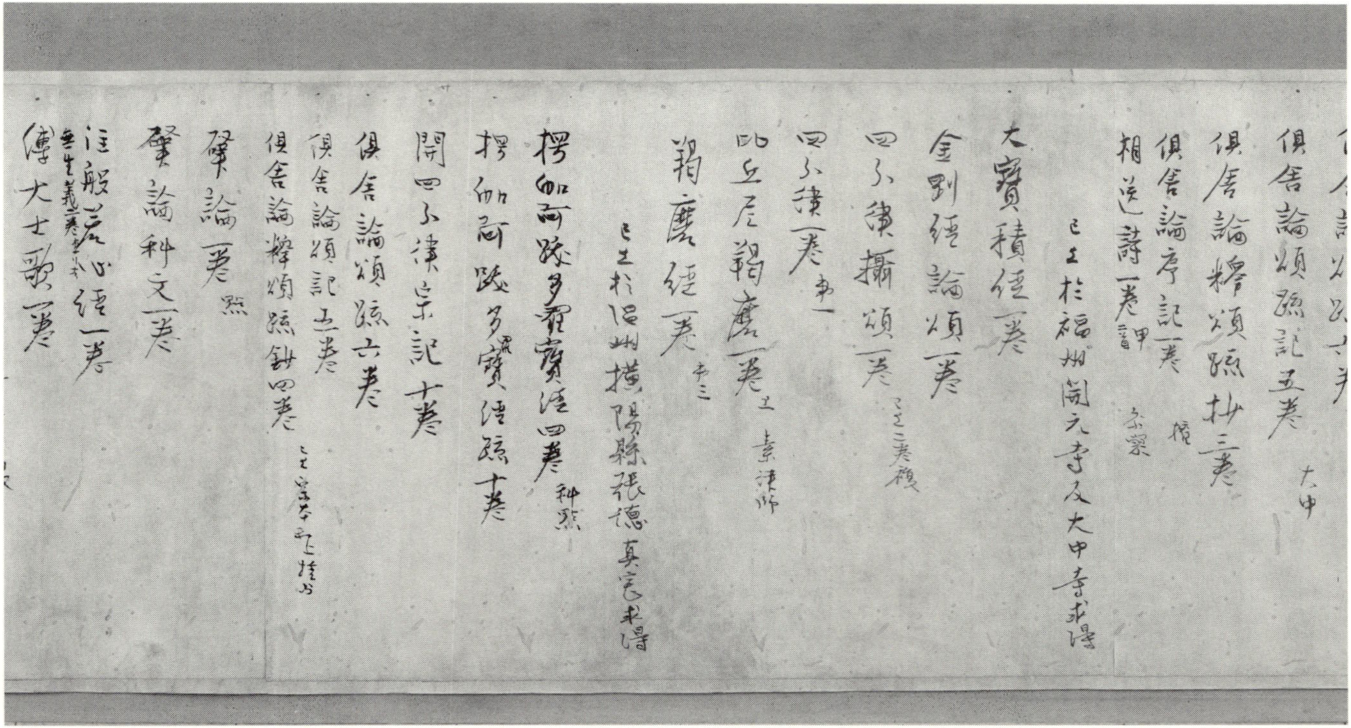
俱舍論頌疏記五卷
俱舍論釋頌疏抄三卷
俱舍論序記一卷
相從詩一卷
已上於福州開元寺及大中寺求得
大寶積經一卷
金剛經論頌一卷
四分律攝頌一卷
四分律一卷
比丘尼羯磨一卷
羯磨經一卷
已上於温州横陽縣張德真宅求得
楞伽阿跋多羅寶經四卷
楞伽阿跋多寶經疏十卷
開四分律宗記十卷
俱舍論頌疏六卷
俱舍論頌記五卷
俱舍論釋頌疏鈔四卷
肇論一卷
肇論科文一卷
注般若心經一卷
傅大士歌一卷

└ 第六紙 └ 23-07-1

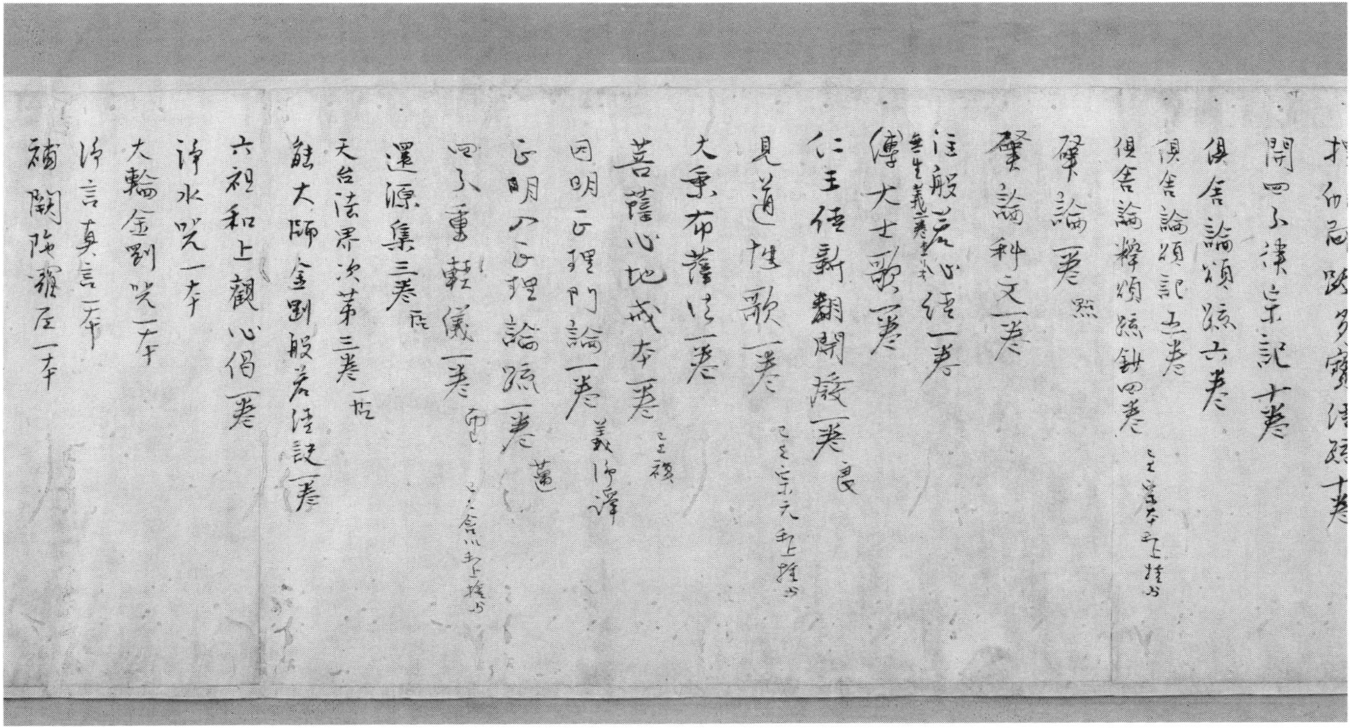

楞伽阿跋多羅寶經疏十巻
開四分律宗記十巻
倶舎論頌疏六巻
倶舎論頌疏記五巻
倶舎論釋頌疏鈔四巻
肇論一巻　照
肇論科文一巻
注般若心經一巻
傳大士歌一巻
仁王經新翻疏一巻　良
見道性歌一巻
大乘布薩法一巻
菩薩心地戒本一巻
因明正理門論一巻　義浄譯
因明入正理論疏一巻
四分重軽儀一巻
還源集三巻
天台法界次第三巻　一帖
能大師金剛般若經訣一巻
六祖和上觀心偈一巻
浄水呪一本
大輪金剛呪一本
浄言真言一本
補闕陁羅尼一本

∟ 第七紙　　∟　　23-08-1

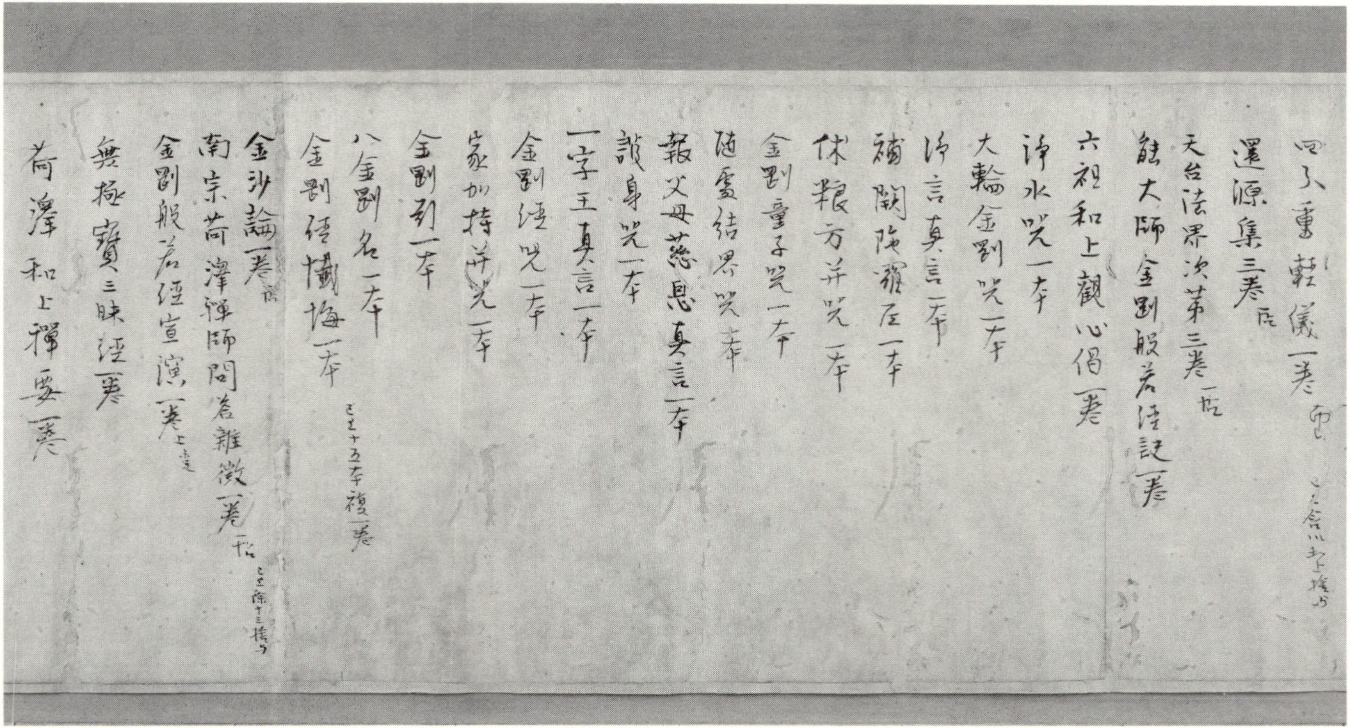

四分重軽儀一巻

還源集三巻

天台法界次第三巻

能大師金剛般若経訣一巻

六祖和上観心偈一巻

浄水呪一本

大輪金剛呪一本

浄言真言一本

補闕陁羅尼一本

休粮方并呪一本

金剛童子呪一本

随處結界呪一本

報父母慈恩真言一本

護身呪一本

一字王真言一本

金剛経呪一本

蒙加持并呪一本

金剛利一本

八金剛名一本

金剛経懺悔一本

南宗荷沢禅師問答雑徴一巻

金沙論一巻

金剛般若経宣演一巻

無極寶三昧経一巻

荷沢和上禅要一巻

⌊ 第八紙　⌊

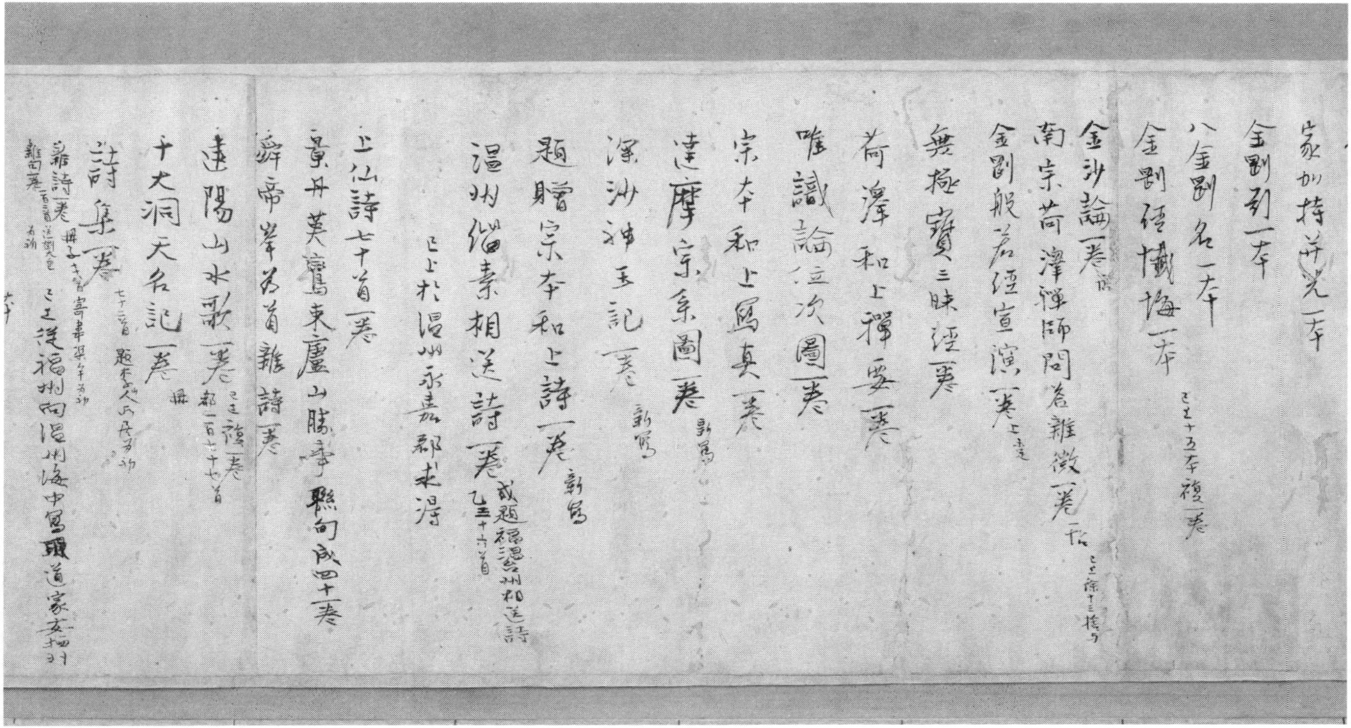
家加持并光一本
金剛利一本
八金剛名一本
金剛懺悔一本　已上十五本複一巻
金剛般若經宣演一巻
南宗荷澤禪師問答雜徴一巻
金沙論一巻
無極寶三昧經一巻
荷澤和上禪要一巻
唯識論位次圖一巻
宗本和上寫真一巻
達摩宗系圖一巻　新寫
深沙神王記一巻　新寫
題贈宗本和上詩一巻　新寫
温州緇素相送詩一巻　或題福温台州相送詩
已上於温州永嘉郡求得
上仙詩七十首一巻
舜帝峯爲首雜詩一巻
遠陽山水歌一巻
十大洞天名記一巻
詩集一巻
雜詩一巻
已上從福州向温州海中寫

└ 第九紙　└　23-10-1

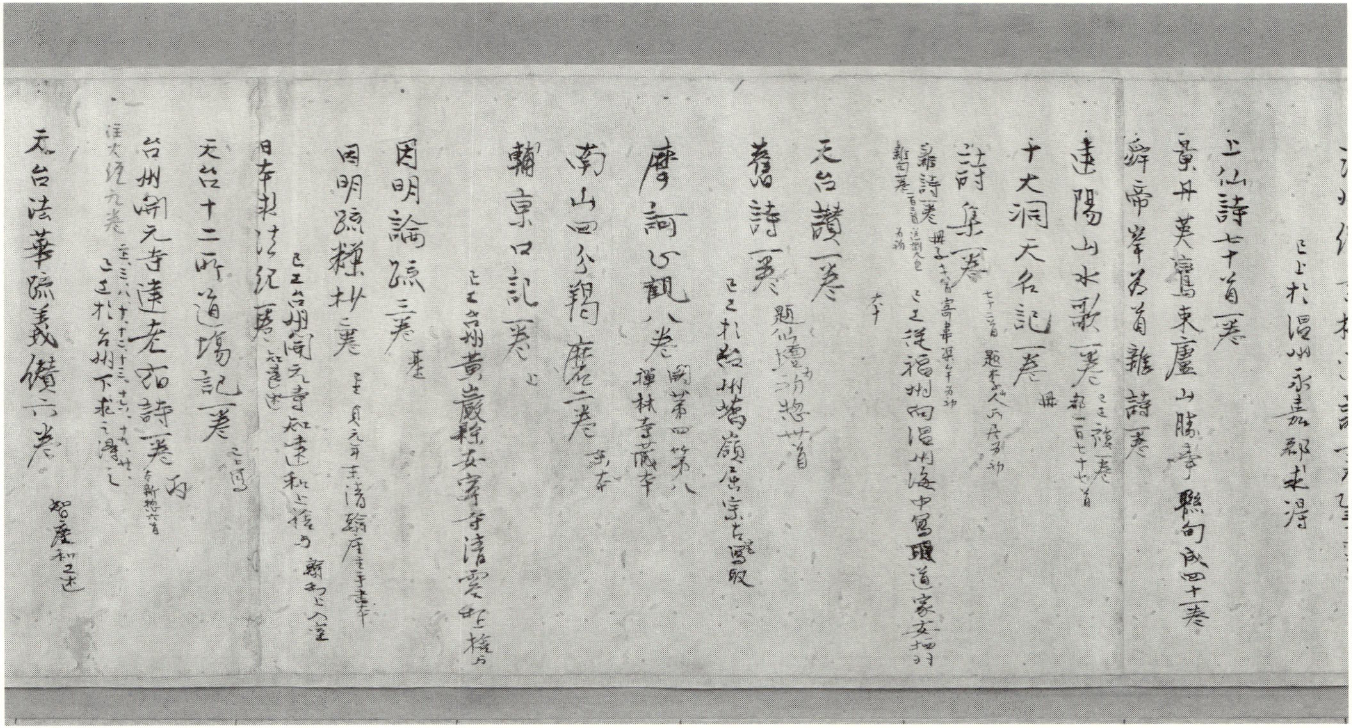
上仙詩七十首一巻
已上於温州永嘉郡求得
舜帝岸為首雜詩一巻
遠陽山水歌一巻
千大洞天名記一巻
天台讃一巻
摩訶止観八巻
南山四分羯磨二巻
因明論疏三巻
天台十二所道場記一巻
台州開元寺遠老宿詩一巻
天台法華疏義纘六巻
智度和上述

└ 第十紙　　　　　　　　└ 23-11-1

この部分紙背に墨書あり

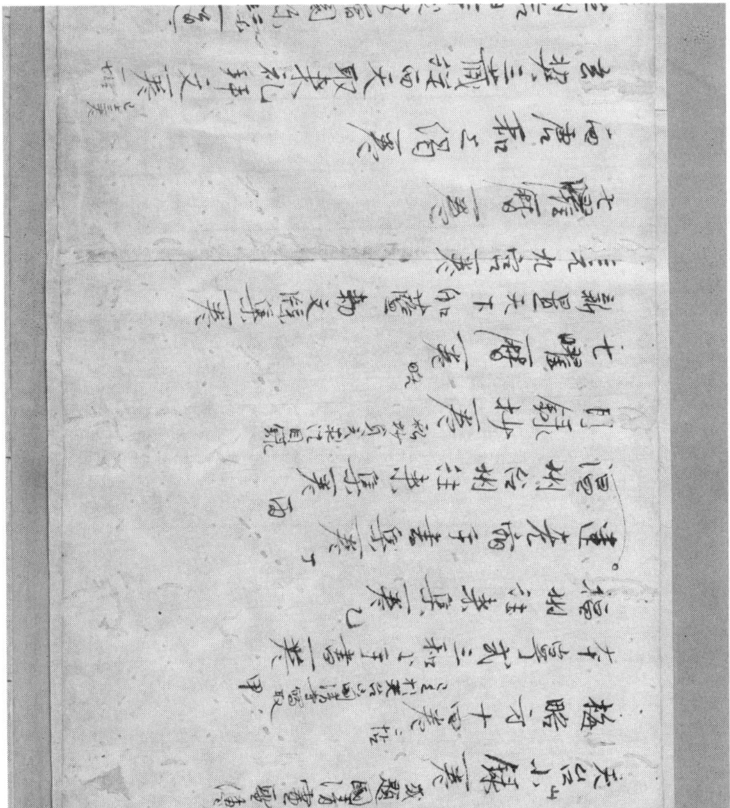

第十一紙

23-12-1

この部分背紙に墨書あり

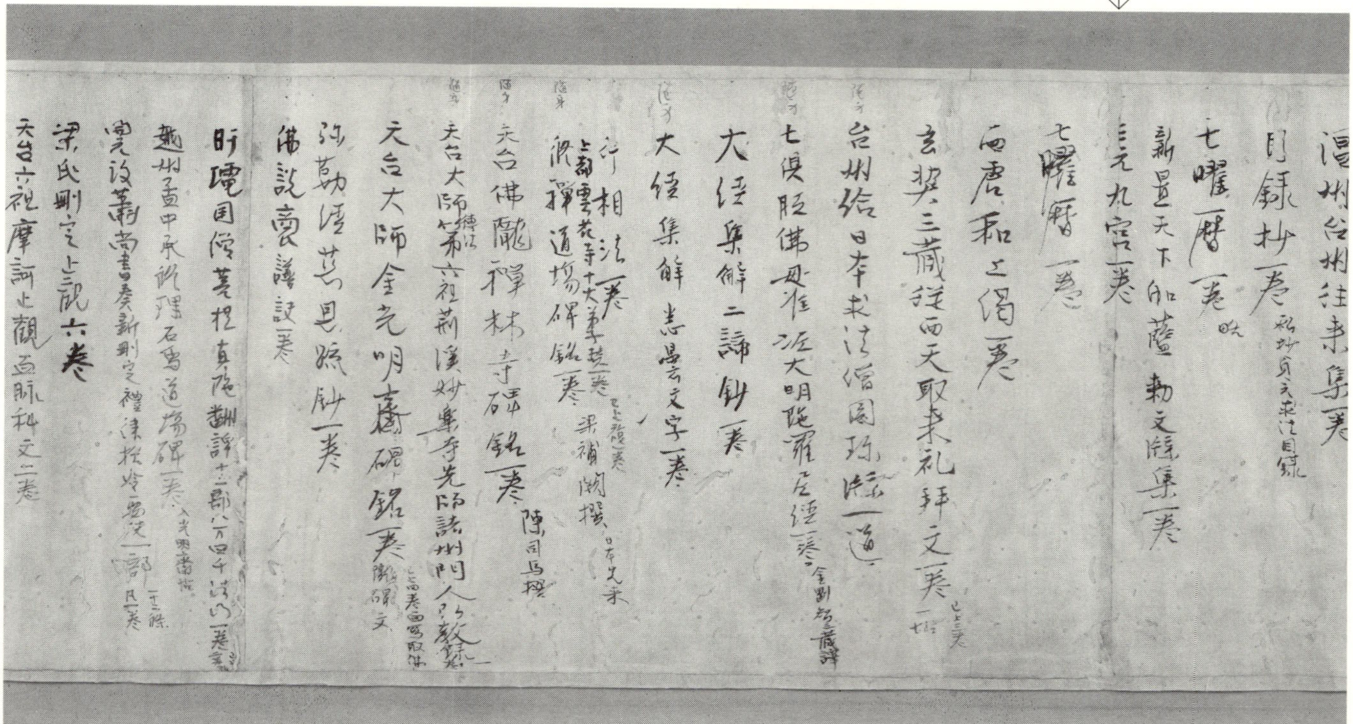

第十二紙

23-13-1

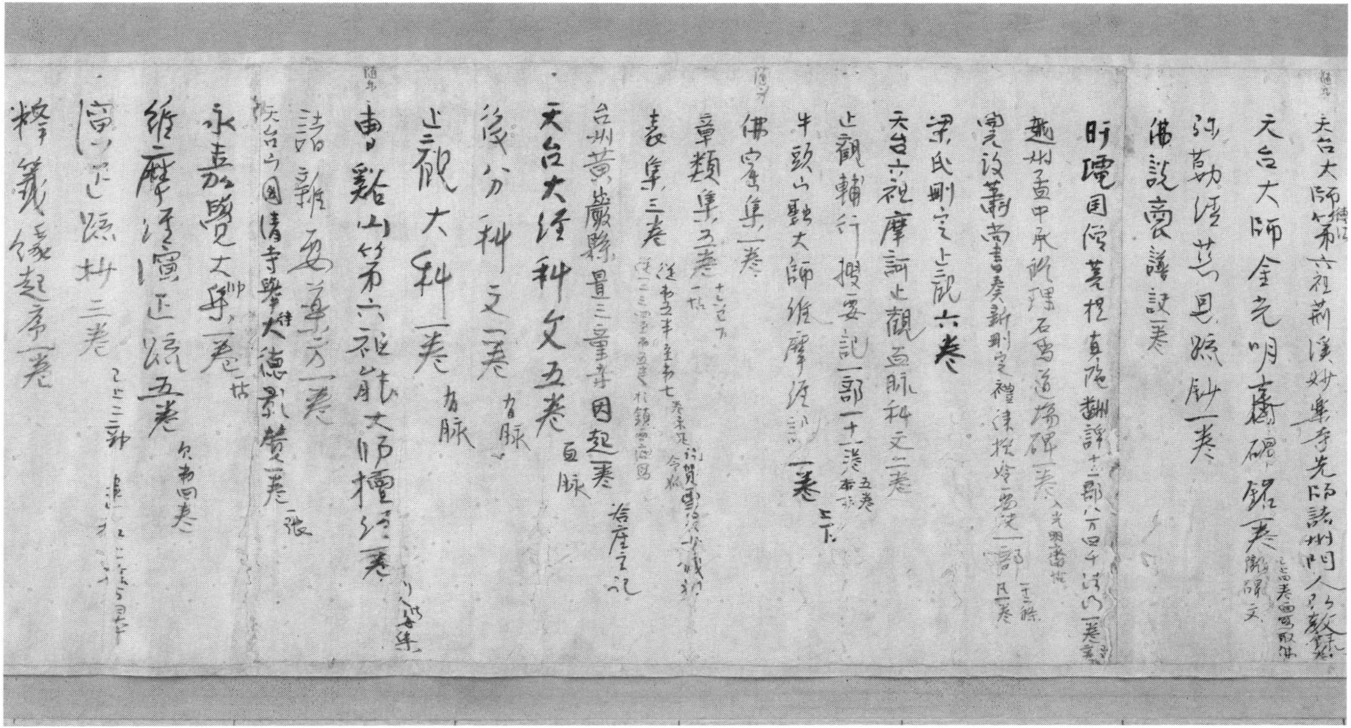

第十三紙
23-14-1

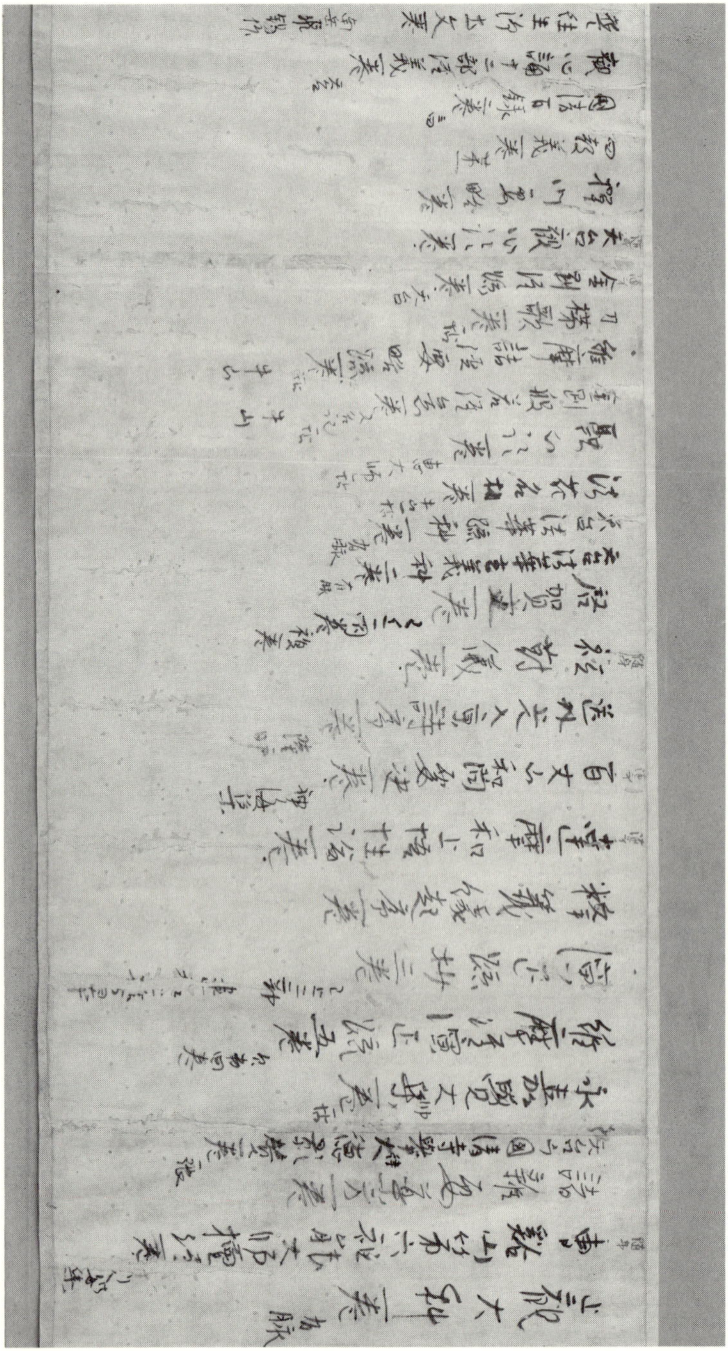

第十四紙

23-15-1

第十五紙

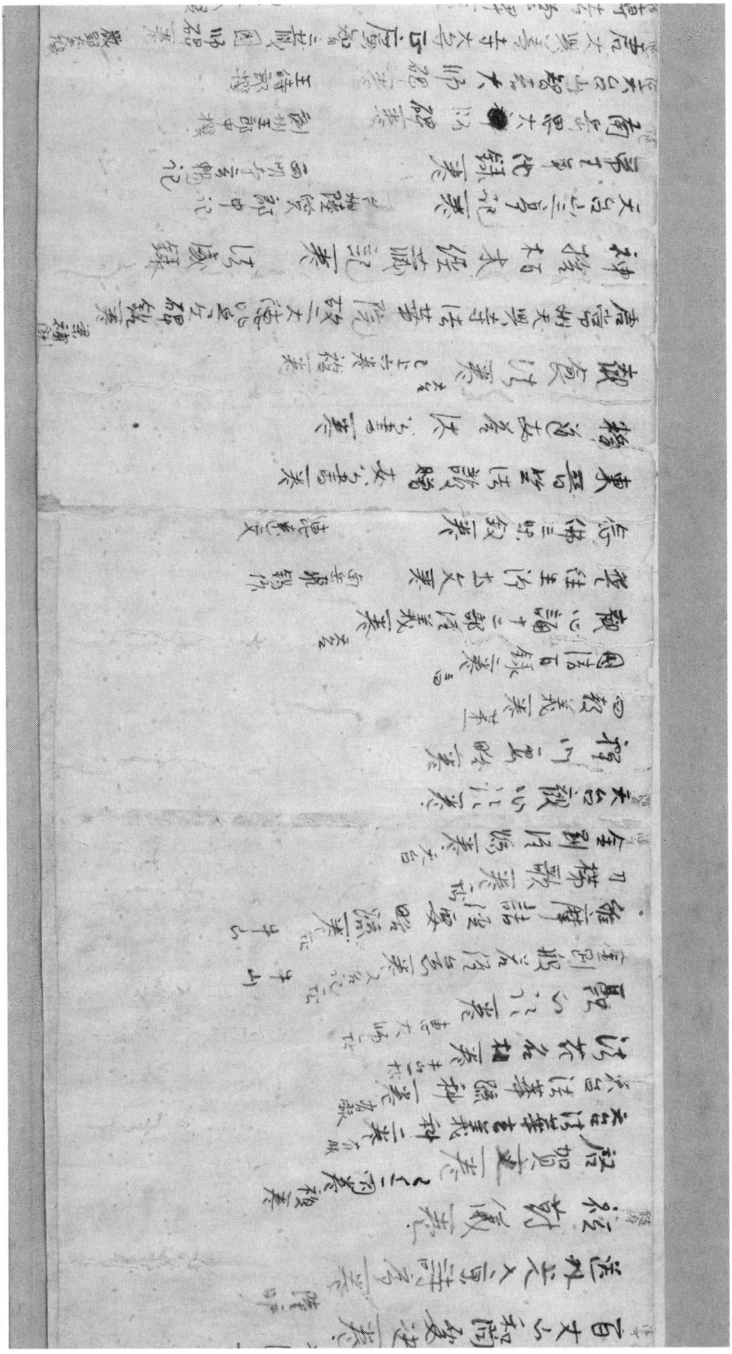

23-16-1

この部分紙背に墨書あり

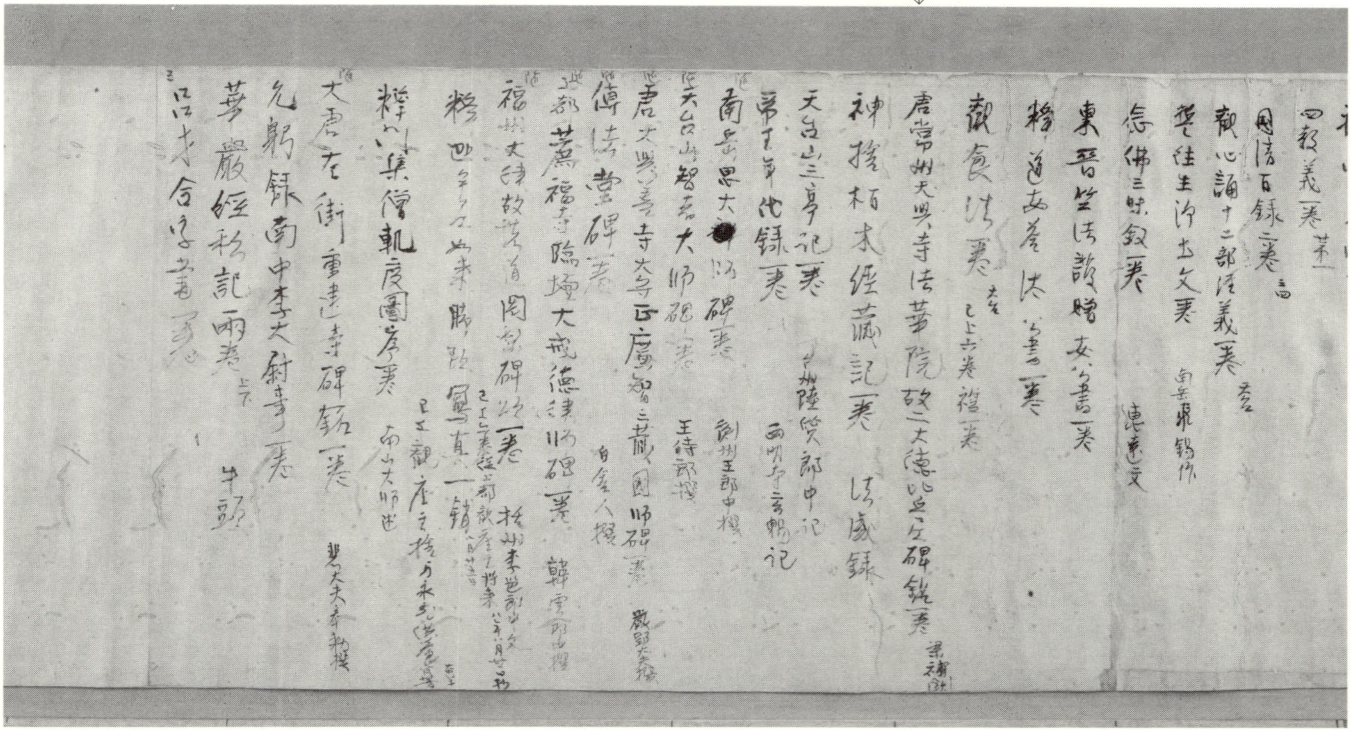

第十六紙　23-17-1

第十七紙

23-18-1

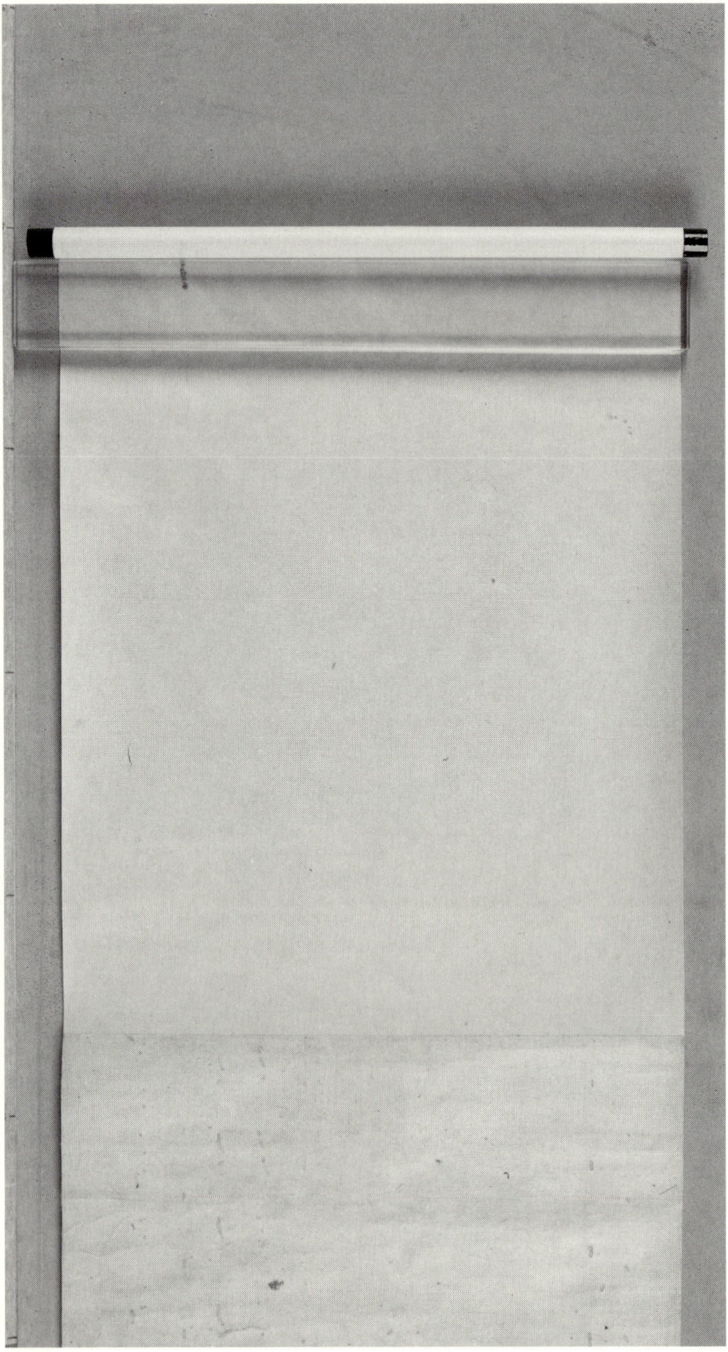

23-19-1

この画像上下逆に撮影

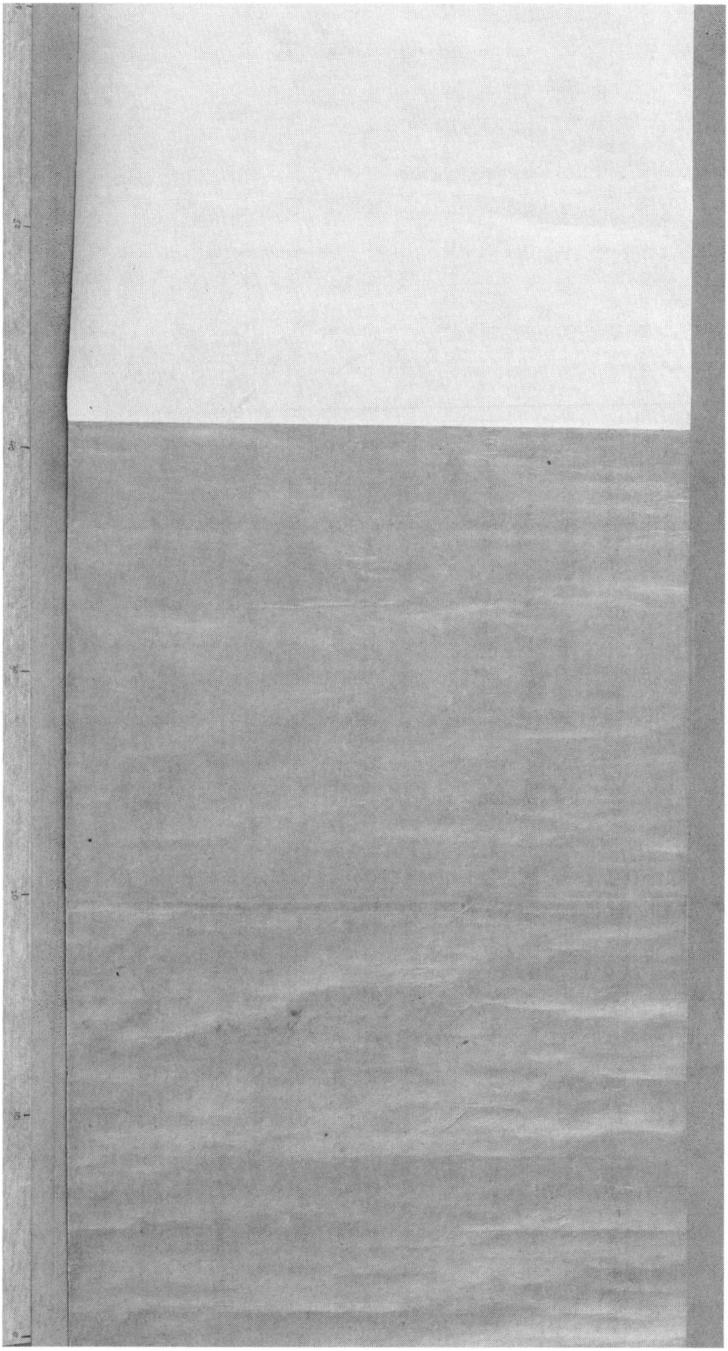

23-20-1

この画像上下逆に撮影

23-21-1

〔三十八〕円弥疑問

38–00–1

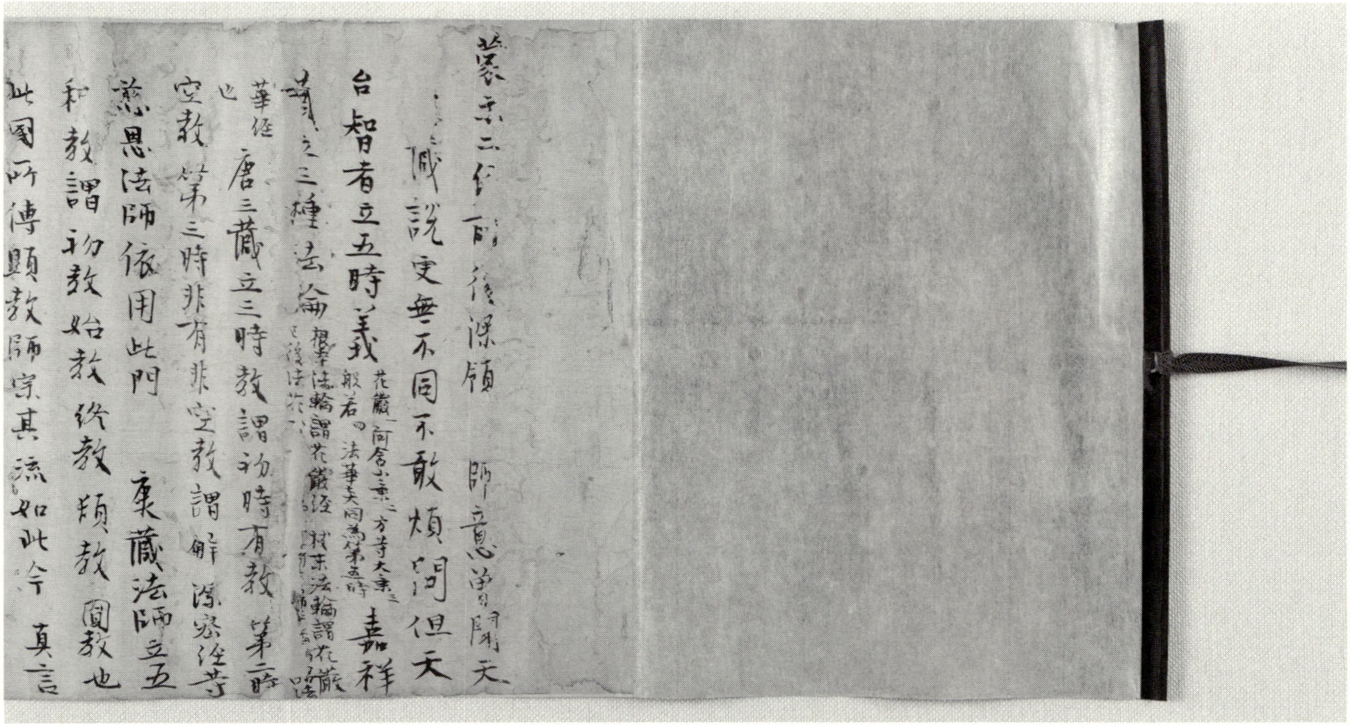

蒙示二行下誨深領　師意曽聞天
識説更無不同不敢煩問但天
台智者立五時義 花厳一 阿含小乗二 方等大乗三 般若四 法華夫同為第五時 嘉祥
[illegible]之三種法輪 根本法輪謂花厳経 枝末法輪謂[illegible] [illegible]法花[illegible]
華経 唐三蔵立三時教謂初時有教 第二時
也 空教第三時非有非空教謂解深密経等
慈恩法師依用此門　康蔵法師立五
和教謂初教始教終教頓教 圓教也
此国所傳顕教師宗其流如此今 真言

38-01-1

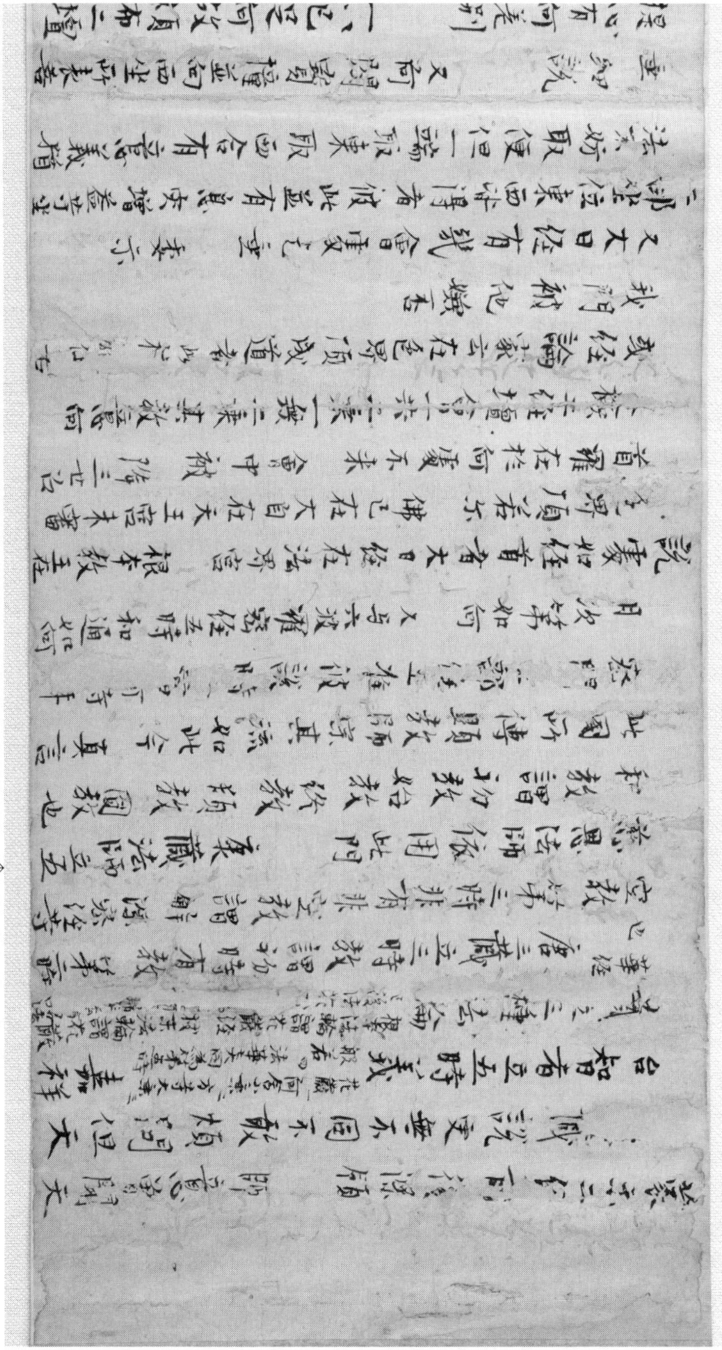

第一紙

この行に貼紙跡あり

38-02-1

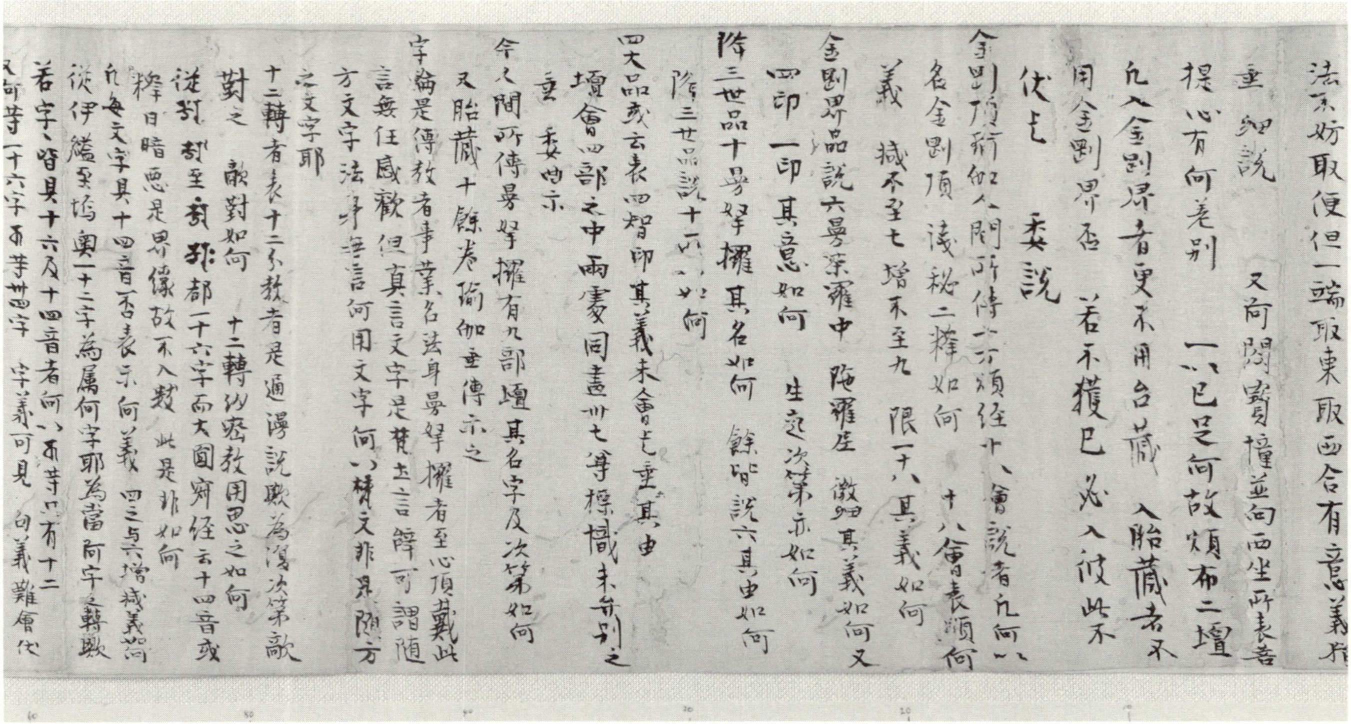
法界妨取便但一端取東取西合有意義
垂迦說　又向閼寶幢並向西坐所表善
提心有何差別　一ゝ已足何故頌布二壇
九入金剛界者更不用台藏　入胎藏者不
用金剛界否　若不獲已必入彼此不
伏乞　垂說
金剛頂所伽人問所傳十万頌経十八會說者九何ゝ
名金剛頂　諸秘二釋如何　十八會表顯何
義　攝不至七　増不至九　限一十八　其義如何
金剛界品說六曼荼羅中　随羅座　徵細其義如何又
四印　一印　其意如何　生起次第亦如何
降三世品十曼荼羅其名如何　餘品說六其由如何
降三世品說十六ゝ如何
四大品或云表四智印其義未會乞垂其由
壇會四部之中兩處同盡卅七尊標幟未弁別之
垂　垂示
今人聞所傳曼荼羅有九部壇其名字及次第如何
又胎藏十餘卷瑜伽垂傳示之
字輪是傳教者事業名法身曼荼羅者至心頂戴此
言無任感歎但真言文字是梵土言聲可謂随
方文字法中無言何用文字何ゝ積文非界隨方
之文字耶
十二轉者表十二分教者是通濕說歟為濕次第歟
對之　敵對如何　十二轉仍容教用思之如何
從對　對至對　敵都一十六字而大圓寂経云十四音或
釋曰暗惡是界緣故不入數　此是非如何
九每文字具十四音否表示何義　四之與六增減義何
從伊縊至塢奧一十二字為屬何字耶為當何字之轉歟
若字ゝ皆具十六及十四音者何ゝ不等只有十二
又所等一十六字不等卅四字　字義可見　句義難會伏

└ 第二紙

38–03–1
└

第三紙

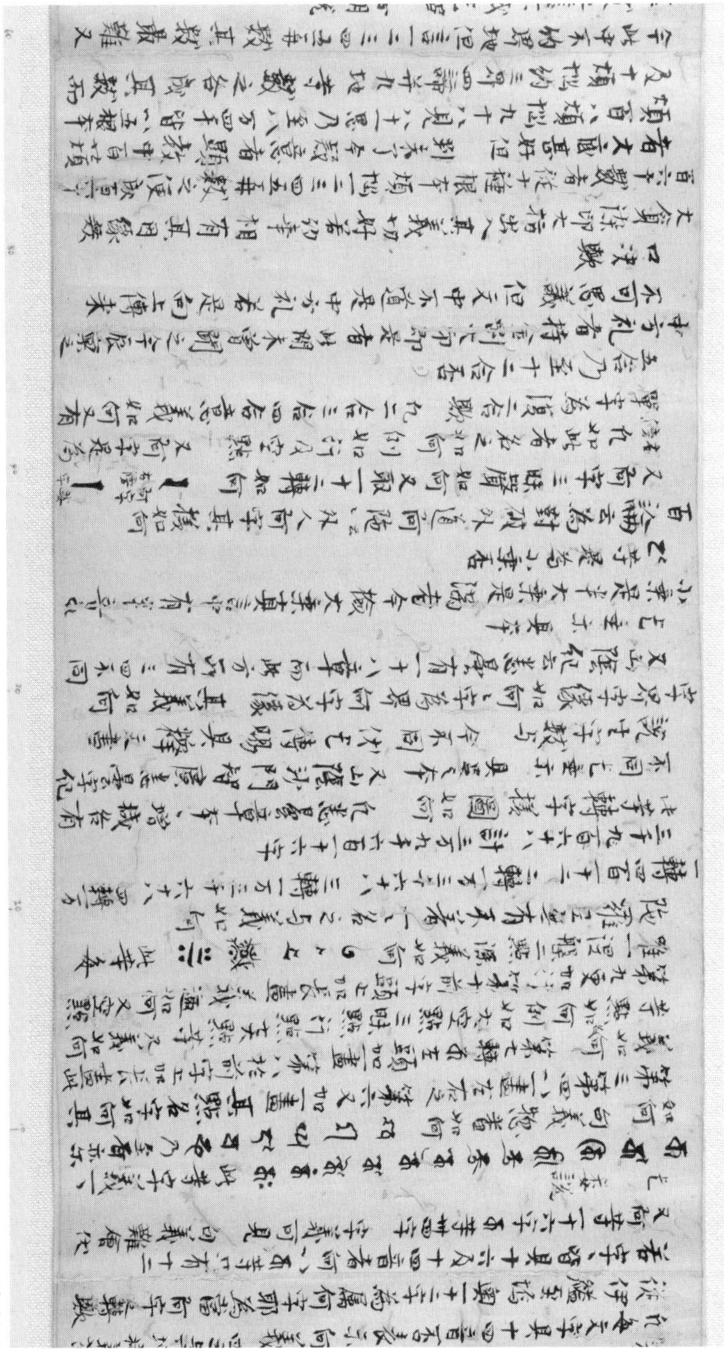

38-04-1

及十煩惱約三界四諦并九地 等數之名成其數而
今此中不約界地但言一二三四五弃 數其數最難又
弃數之言不成 已上留 口明説
廣略金剛頂佛智無量者此義甚深最妙最勝然於
五部所觀各具廣略之義若於一部得究竟者
更不用餘部不説使不用之何ヽ佛智限立五種法一
究竟餘四未究竟一時雙觀五部不 又檢大日経悉地
出現品中有廣略金剛義若与此中意同然若言同
有胎金兩教同用五相成身八相成身観不 若彼教
中用五相者此門中用五輪成身観不 私義廣大
已上 委決
降三世目縁識如 師説但約此等合有真化二版其
様如何又大日経息障品釋中不動明王降伏大自在
是瑜伽中義有再勘 指帰 理趣釋 壽命経等
皆降三世所作也未見不動所為 縁此本目持念家
或云不動尼来降三世踏殺 或云裕降三世為不動或云
大日経釋錯云 未知是非 已上 決判
又聞降三世有十八變首羅随畏伏已賜示其様又一
義趣与上 指示
金剛界不動等其身様如何 真言亦如何 検数本瑜伽
未曾見金剛界用不動等 已上 賜示
自他受用同異識如 判旨但花厳法華及諸頭大乗中
在座聴法或即身成佛或得遠記等而 我宗若蝋
不學最上乗不悟三密教即無成佛理者松柳他教之失
ヽ何為明據 若引守護國界主経 諸佛境界経
等 経論家中立四乗人云三乗唯名無實一乗有名
有實所以釋迦菩薩経無量劫不知成佛之方迴
三乗入一乗之日知所趣者 又天台智者立四教曰三藏
教菩薩迴入圓教方知成佛之處若不尓経百万大
劫修諸若行終不成佛名為菩薩闡提 云 花厳
性起品中明有此義如今窮通充立已成之失如何
已下新附
金剛界大瑜伽云 次結四如来 三昧耶印契 不用加持身
次應授灌頂 五如来印契 次於灌頂後 應繋四佛鬘 今鬘何
ヽ鬘ヽ加持無大日 灌頂加之 増減義如何
擇閼伽香水 此有兩真言 真意如何
次結振鈴印 右杵左振鈴 此應有儀則 已上 指揮

第四紙

38-05-1

第五紙

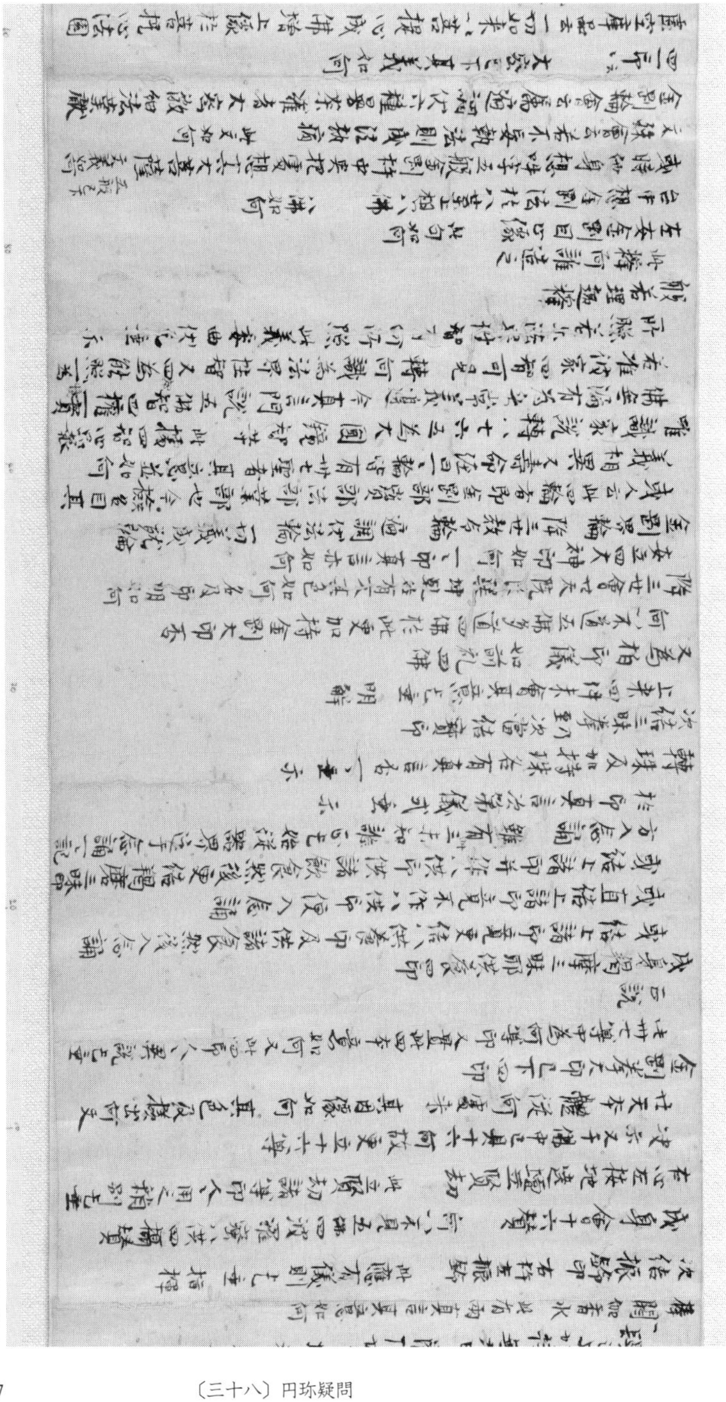

38-06-1

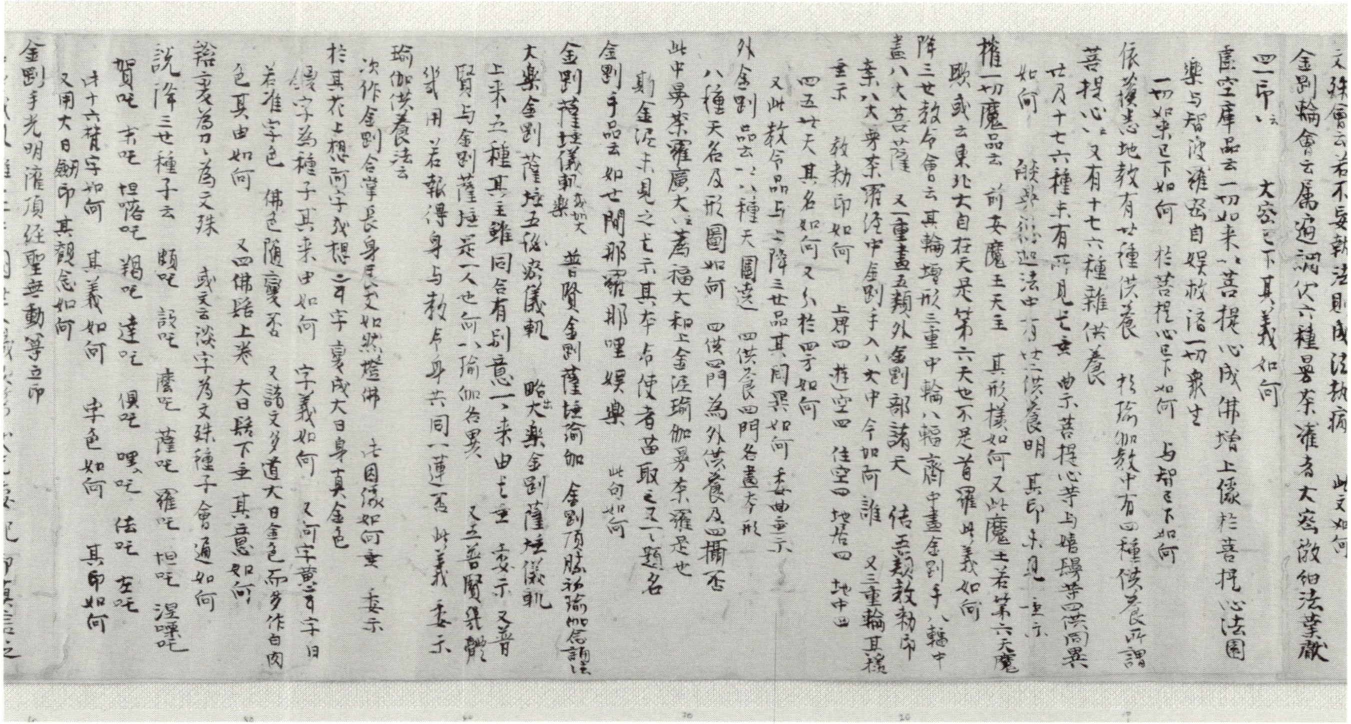

文殊會云若不妄執法則成法執病　此文如何
金剛輪會云屬遍調伏六種曼荼羅者大密微細法業獻
四印〻云　大密已下其義如何
虚空庫品云一切如來〻菩提心成佛増上縁於菩提心法園
樂与智波羅蜜自娯戲諸一切衆生
一切衆已下如何　於菩提心已下如何　与智已下如何
依於淨志地教有廿種供養　於瑜伽教中有四種供養所謂
菩提心〻又有十七六種雜供養
廿乃十七六種未有所見也　曲示菩提心等与嬉鬘等四供同異
如何　般若理趣法中有廿五供養明　其印未見　垂示
摧一切魔品云　前安魔王天主　其形様如何又此魔王若第六天魔
歟或云東北大自在天是第六天也不是首羅　此義如何
降三世教令會云其輪壇形三重中輪八輻齊中畫金剛手〻八輻中
畫八大菩薩　又□重畫五類外金剛部諸天　结五類教勅印
棄八大曼荼羅使中金剛手入八大中令如何誰　又三重輪其様
垂示　教勅印如何　上界四　遊空四　住空四　地居四　地中四
四五廿天其名如何又〻於四界如何
又此教令品与〻降三世品其同異如何　委曲垂示
外金剛品云〻八種天圓遶　四供養四門各畫本形
八種天名及形圖如何　四供四門為外供養及四攝否
此中曼荼羅廣大〻薦福大和上金剛頂瑜伽曼荼羅是也
則金經未見之也示其本令使者苗取之又〻題名
金剛手品云如世間那羅那哩娯樂　此句如何
金剛薩埵儀軌樂 或本云　普賢金剛薩埵瑜伽　金剛頂勝初瑜伽經品譯
大樂金剛薩埵五秘密儀軌　略述大樂金剛薩埵儀軌
上來五種其主雖同各有別意〻來由也垂　委示　又普
賢与金剛薩埵是一人也何〻瑜伽名異　又五菩賢集歎
字用若報淨身与教令身共同一蓮否　此義　委示
瑜伽供養法云
次作金剛合掌長身足支如然燈佛　法因儀如何垂　委示
於其花上想阿字或想□字□字變成大日身真金色　又阿字黄□字白
緩字為種子其来由如何　字義如何
若准字色　佛色隨變否　又諸文多道大日金色不多作白肉
色其由如何　又四佛臨上巻大日縣下垂　其意如何
豁袁為〻為文殊　或云淡字為文殊種子會通如何
說降三世種子云　頗吒　訶吒　盧吒　薩吒　羅吒　怛吒　涅嚩吒
賀吒　布吒　怛啰吒　羯吒　達吒　倶吒　嘿〻吒　佉吒　左吒
廿十六梵字如何　其義如何　字色如何　其印如何
又用大日劔印　其觀念如何
金剛手光明灌頂経聖無動尊五印

∟ 第六紙

38-07-1
∟

第七紙

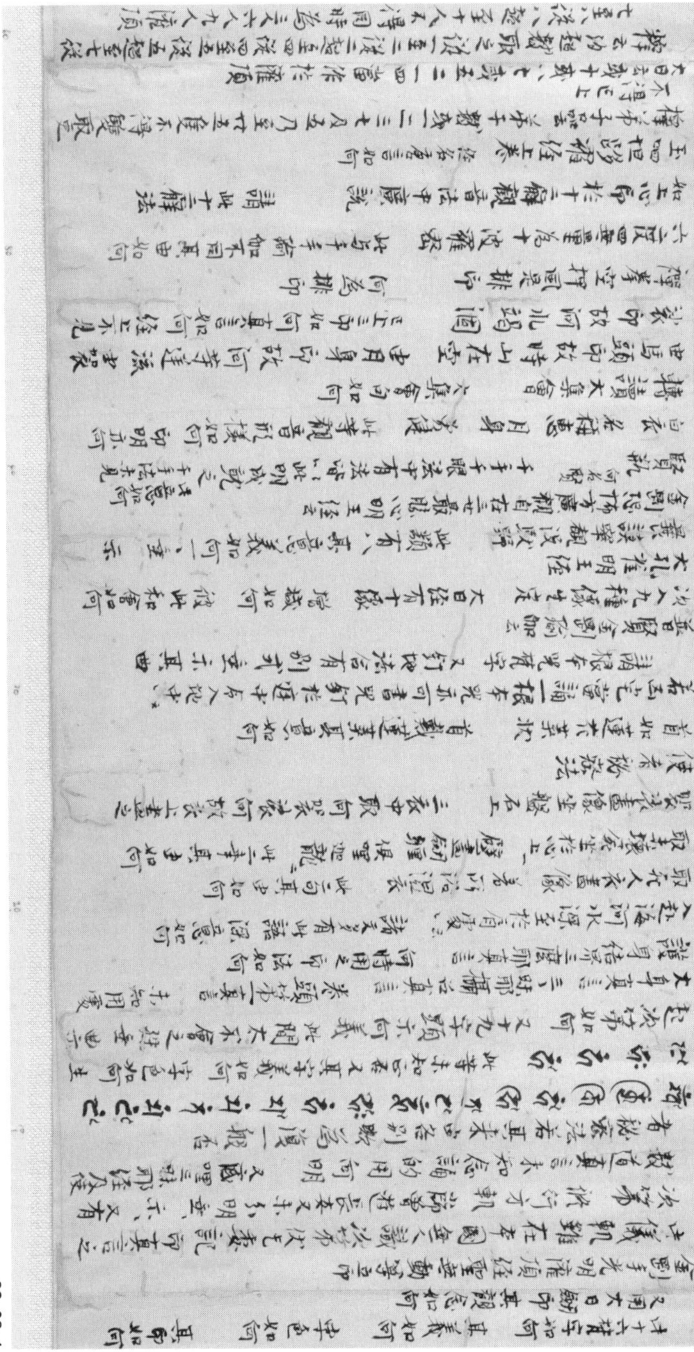

38-08-1

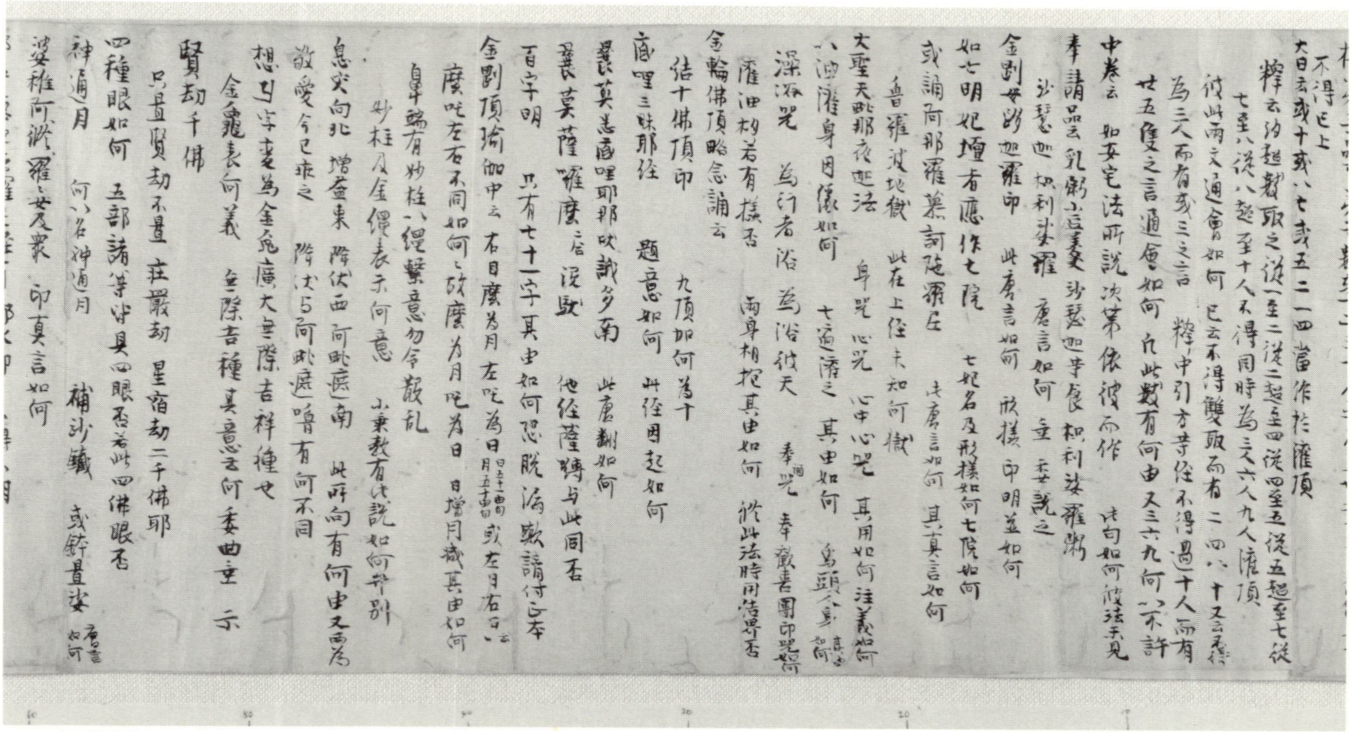

不得已上
大日云或十或八七或五二一四當作於灌頂
釋云初起數取之從一至二從二起至四從四至五從五起至七從
七至八從八起至十八不得同時為之六人九人灌頂
彼此兩文通會如何　已云不得雙取而有二四八十又云於
為三人而有或三之言　釋中引寺等從不得過十人而有
廿五隻之言通會如何　凡此數有何由又三六九何以不許
中巻云　如安宅法所説次第依彼而作　此句如何彼法未見
奉請品云乳粥酪蜜々　沙瑟吒半良枳利娑羅粥
沙瑟吒枳利娑羅　唐言如何　亦云　安説之
金剛安盤迦羅印　此唐言如何　亦様印明並如何
如七明妃壇者應作七院　七妃名及形様如何七院如何
或誦阿那羅薬訶陁羅尼　此唐言如何　其真言如何
魯羅波地獄　此在上從未知何獄
大聖天毗耶夜迦法　身咒　心咒　心中心咒　其用如何注義如何
八迦濡身因緣如何　七遍濡之　其由如何　馬頭人身　其由如何
深沙咒　為行者浴　為浴彼天　奉咒　奉獻者罰印咒等
灌洒杓若有様否　兩身相抱其由如何　於此法時用結界否
金輪佛頂略念誦云
結十佛頂印　九頂如何為十
底哩三昧耶經　題意如何　此經因起如何
曩莫悉底哩耶耶吠識多南　此唐翻如何
曩莫薩嚩度々旨泥馱　他經薩嚩与此同否
百字明　只有七十一字其由如何恐脱漏歟請付正本
金剛頂瑜伽中云　右日摩為月左吒為日　日左吒為月右摩為日　或左月右日云
摩吒左右不同如何々故摩為月吒為日　日增月減其由如何
鼻端有妙柱八纓繫意勿令散亂　小東教有此説如何如何歟別
妙柱及金纓表示何意
息災向北　增益東　降伏西面踞南　此所向有何由又西為
敬愛今已乖之　降伏西向此踞喑有何不同
想阿字変為金龜廣大無際吉祥幢也
金龜表何義　無際吉種異意云何委曲重示
賢劫千佛
只是賢劫不是莊嚴劫　星宿劫二千佛耶
四種眼如何　五部諸尊皆具四眼否若此四佛眼否
神通月　何以名神通月　補沙鐵
婆稚阿脩羅々女及眷　印真言如何　或許是娑　唐言如何

└ 第八紙

38-09-1 └

第九紙

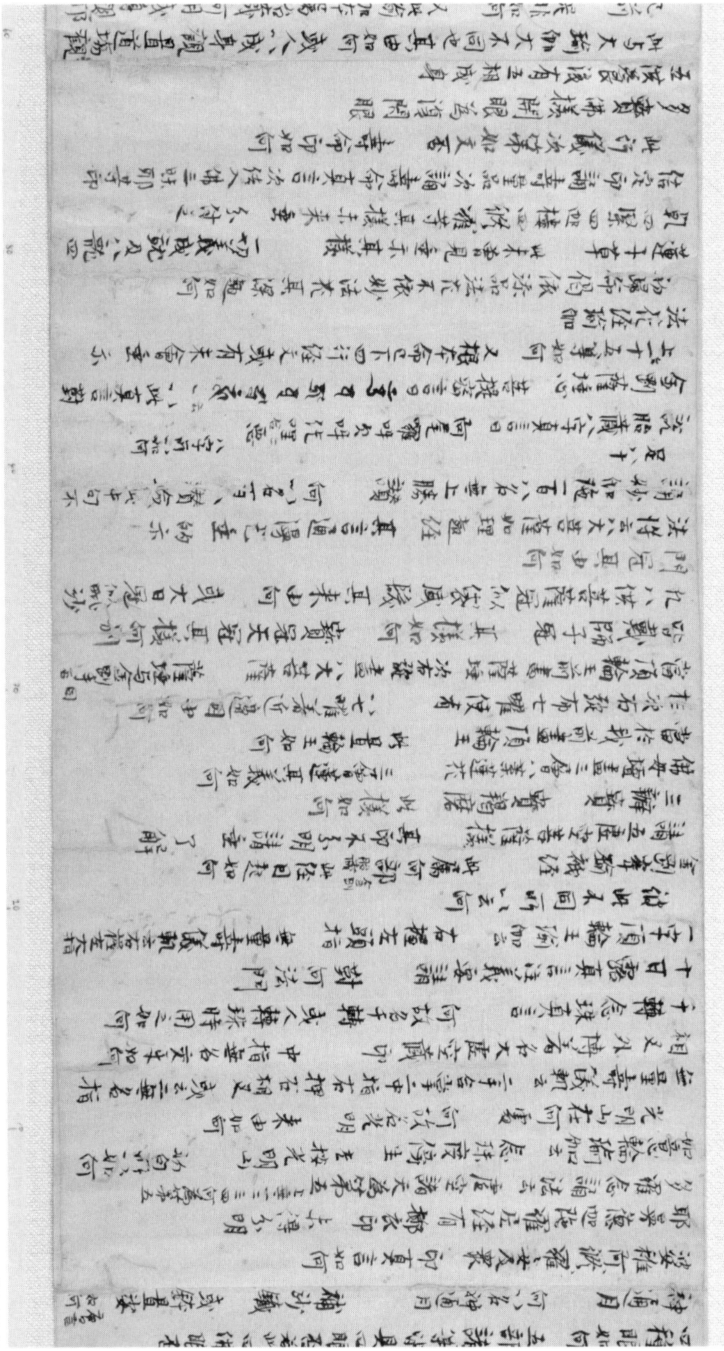

38-10-1

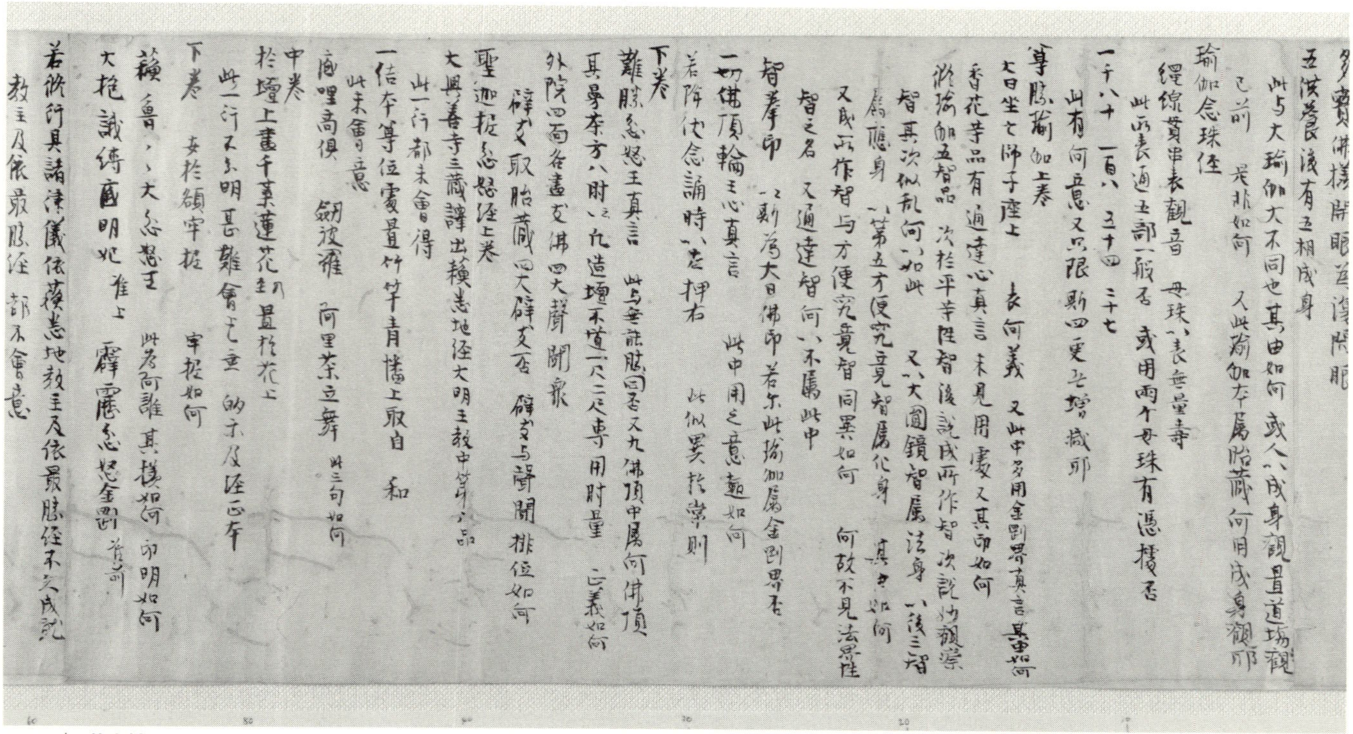

第十紙

38-11-1

第十一紙

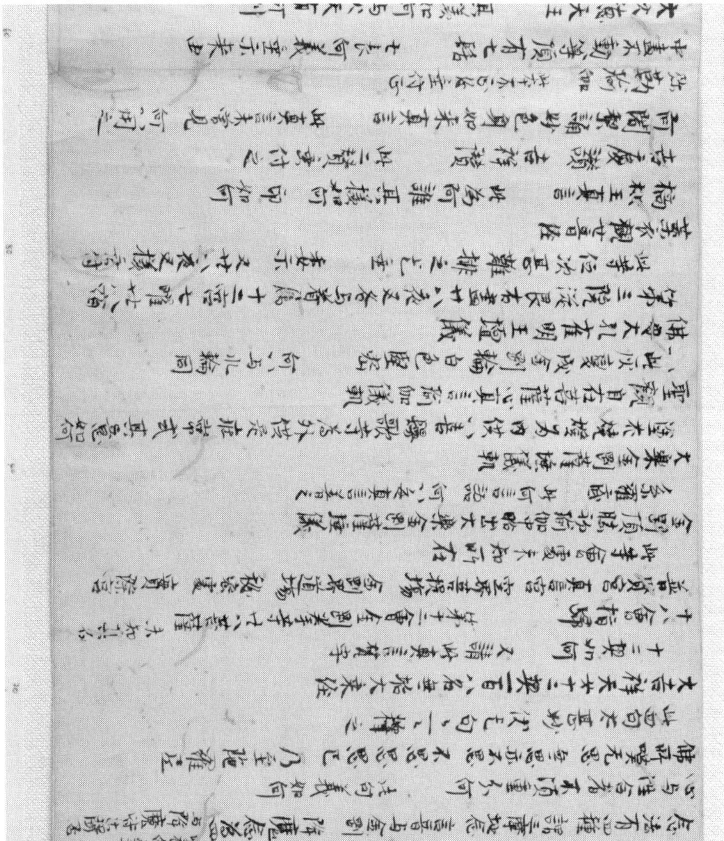

38-12-1

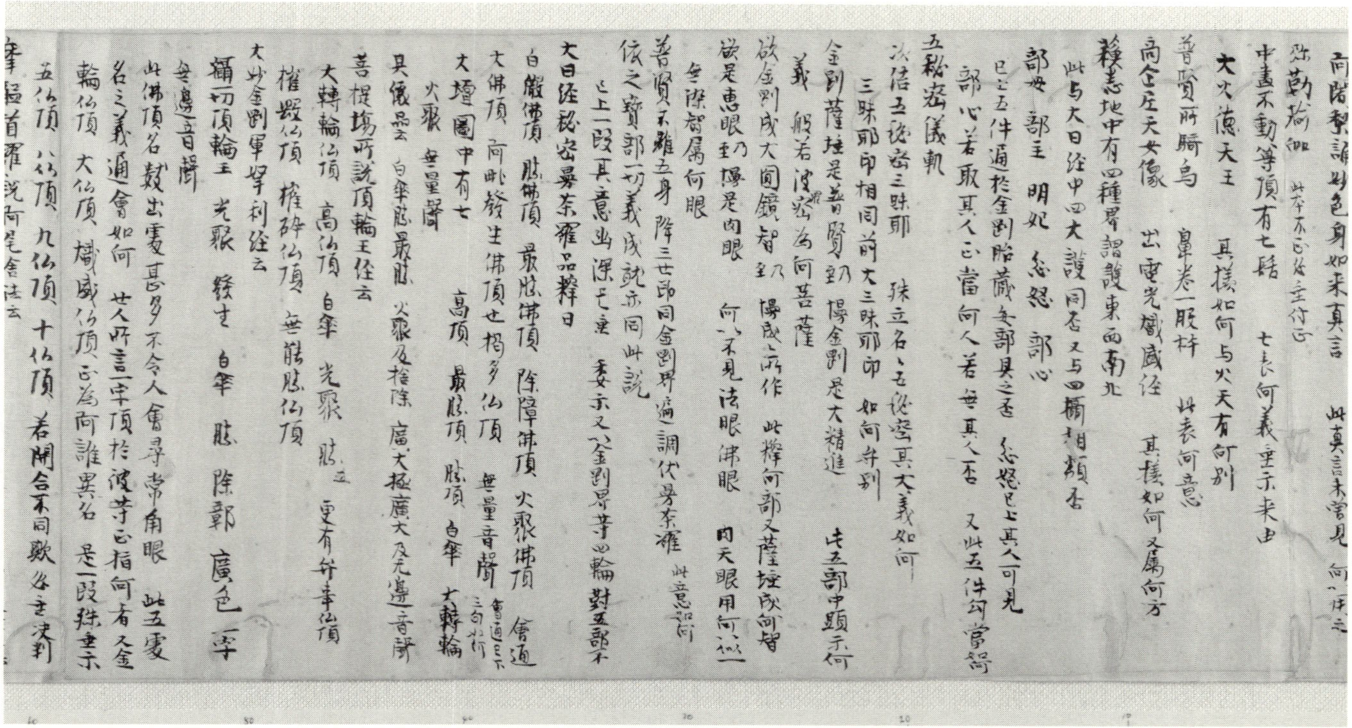

向諸黎誦妙色身如来真言　此真言未曾見　向〻用之
弥勒瑜伽　此本不正皆全付之
中盡不動等頂有七話　七表何義重示来由
大火德天王　其様如何与火天有何別
普賢所騎烏　卑巻一股杵　此表何意
高倉庄天女像　出雲光熾盛経　其様如何又属何方
穢悪地中有四種界謂護東西南北
此与大日経中四大護同否又与四橛相類否
部母　部主　明妃　忿怒　部心
已上五件通於金剛胎蔵每部具之否　忿怒已上其人可見
部心若取其人正當何人若無其人否　又此五件勾當號
五秘密儀軌
次結五秘密三昧耶　殊立名〻五秘密其大義如何
三昧耶印相同前大三昧耶印　如何弁別
金剛薩埵是普賢〈至乃〉　揚金剛是大精進　此五部中顕示何
義　般若波羅蜜為何菩薩
欲金剛成大圓鏡智〈至乃〉　揚成所作　此釋何部又薩埵成何智
欲是恵眼〈至乃〉　揚是肉眼　何以不見法眼佛眼　肉天眼用何以一
無際智属何眼
普賢不離五身　降三世即同金剛界遍調伏曼荼羅　此意如何
依之寶部一切義成就亦同此說
已上一段其意幽深乞裏　妻亦又以金剛界等四輪對五部不
大日経秘密曼荼羅品釋曰
白傘佛頂　勝佛頂　最勝佛頂　除障佛頂　火聚佛頂　會通
大佛頂　向此發生佛頂也揭多仏頂　無量音聲　會通已下三句如何
大壇圖中有七　高頂　最勝頂　勝頂　白傘　大轉輪
火聚　無量聲
具儀曇云　白傘勝最勝　火聚及捨除　廣大極廣大及无邊音聲
菩提場所說頂輪王経云
大轉輪仏頂　高仏頂　白傘　光聚　勝〈云〉　更有弁事仏頂
權殿仏頂　摧碎仏頂　無能勝仏頂
大妙金剛軍挐利経云
續切頂輪王　光聚　發生　白傘　勝　除鄣　廣色　一字
無邊音聲
此佛頂名數出處甚多不令人會尋常角眼　此五處
名之義通會如何　世人所言一字頂於彼等正指何者　又金
輪仏頂　大仏頂　熾盛仏頂　正為何誰異名　是一段殊重示
五仏頂　八仏頂　九仏頂　十仏頂　若開合不同歟　各重決判
峯嚴首羅說向是舍法云

└ 第十二紙

38-13-1
└

第十三紙

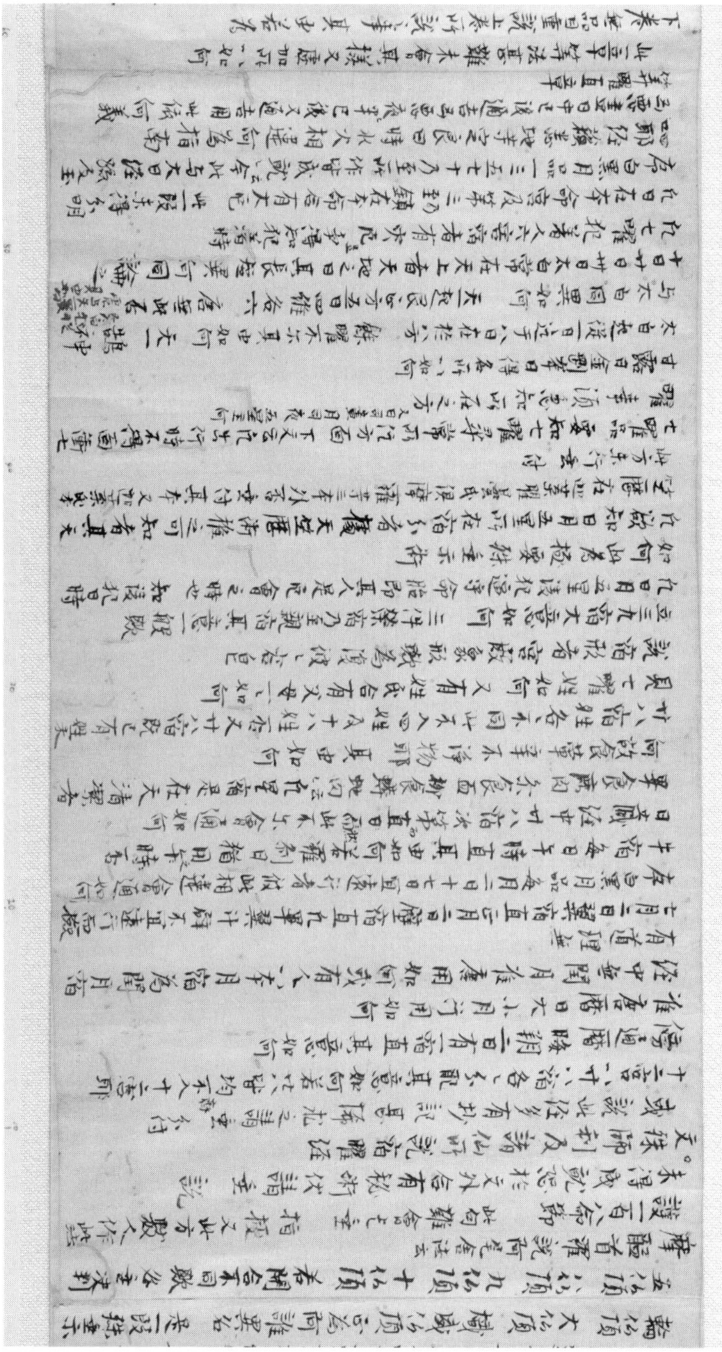

38-14-1

五悪晝日中已後通吉五悪夜半已後又通吉用 此依何義
等曜直章
此一章等法甚難未會其様又處加所以如何
下巻無品目重説上巻所説之事 其由若為
命胎西日不宜擧動百事 此意如何若除吉事外五悪事否
業宿日善悪不成 上巻云業宿直日所作並得 上下通會如何
所用三九法於長行暦縦不是吉於己身三九若吉但用無妨
長行暦者指何 於己三九若吉者不避羅刹日等否
又唐暦往已滅没蝸忌獣等約此経意不用避不
又有向見暦立蔵門大禍狼藉剖断甚切 此京或有齋
或有博士破偈不用未審 彼土有行用無
其曜亦毎日分為八時平明即是所直之曜乃至酉戌則八時而
周夜亦分為八時轉到明日暁時即須後曜 [illegible]
晝夜八時名目如何 委垂示決
大毗盧遮那成佛経
十二字真言王題示何義 其印如何 更有吽𠴨嚕等
二道真言 其用如何 義及觀如何 又用布身上幾何字 十二
伽耶優楼二迦葉居遍知印左右其由如何
又遍知印作三角其由如何故雨重 印字如何亦為何字
四内供四攝 此中無名 增減如何 印真言亦如何
蓮花印 出現智 執蓮花杵 未知位次又形様如何 糯名何
𠆣戯論 住無戯論 有何差別
金剛王与金剛界同否 化寿鶏 位及様如何
降三世 勝三世 月魔等 次右降三世 此等来由如何何本何寺
入寶處三昧 此与化城喩品寶所同否 若同 彼経者法華乎
日為同部不
虚空蔵及觀自在 為大牟尼脇侍其由如何
賢摩竭二魚 大主何事多 摩伽及自記 炎摩及死王
此等一一勾當何事 為属何誰 二魚如何 炎王死王住處如何
勾當如何 果德是舎法准前
識處等四天 此無色天何以有身 又皆背坐其由如何
色天多不遇佛行以圖之
器手等餅為屬何天勾當何事 満者未知作者 烏頭眼遍
主於何事 烏頭眼為一人否 勾當何事何以同住又董母嗜為男女否
董母嗜 衣那等五天
加持句真言 此明来由大底在経若有別意否又唐翻如何
頻那夜迦 開伽水 此等唐言的如何
倶絺羅 智倶絺羅有何不同 来由如何
自在 普花 光易等五天 印相可見 形様 位次並如何
普賢如意珠 涂勤 此三大士印真言列於一切法平等開

└ 第十四紙

38-15-1

第十五紙

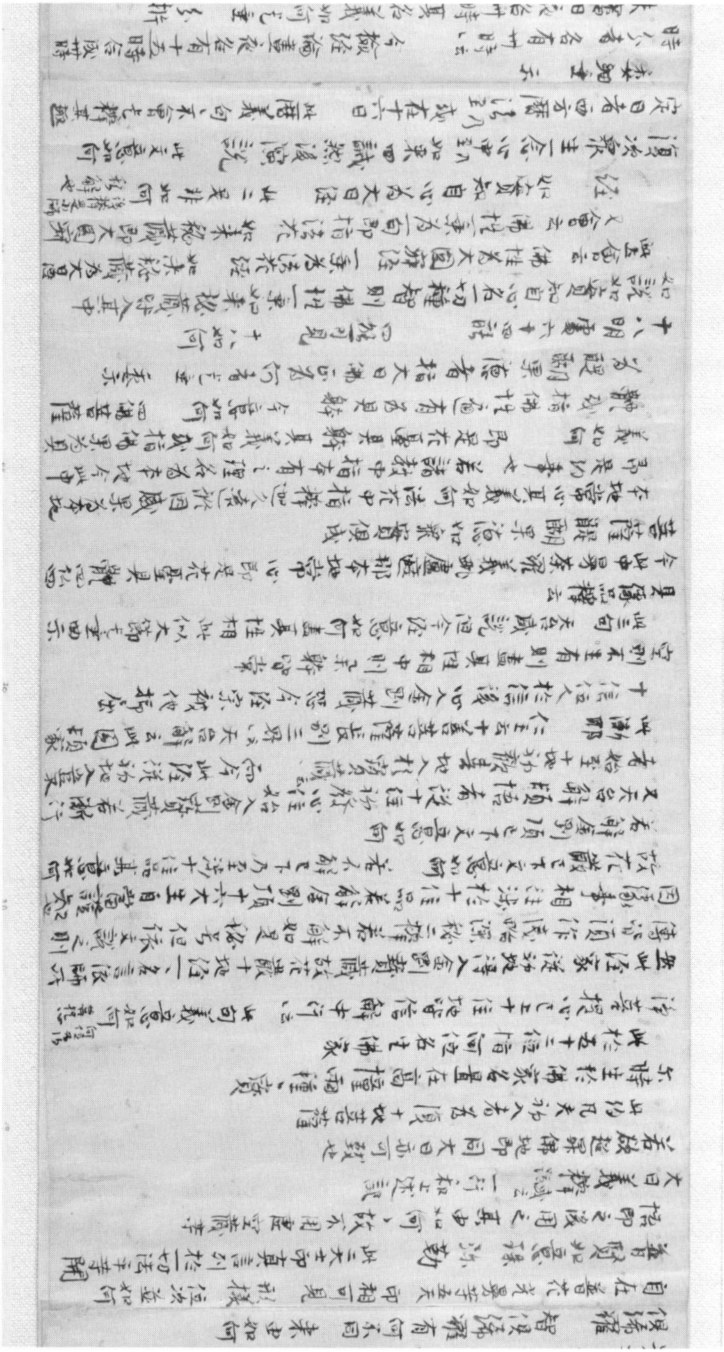

38-16-1

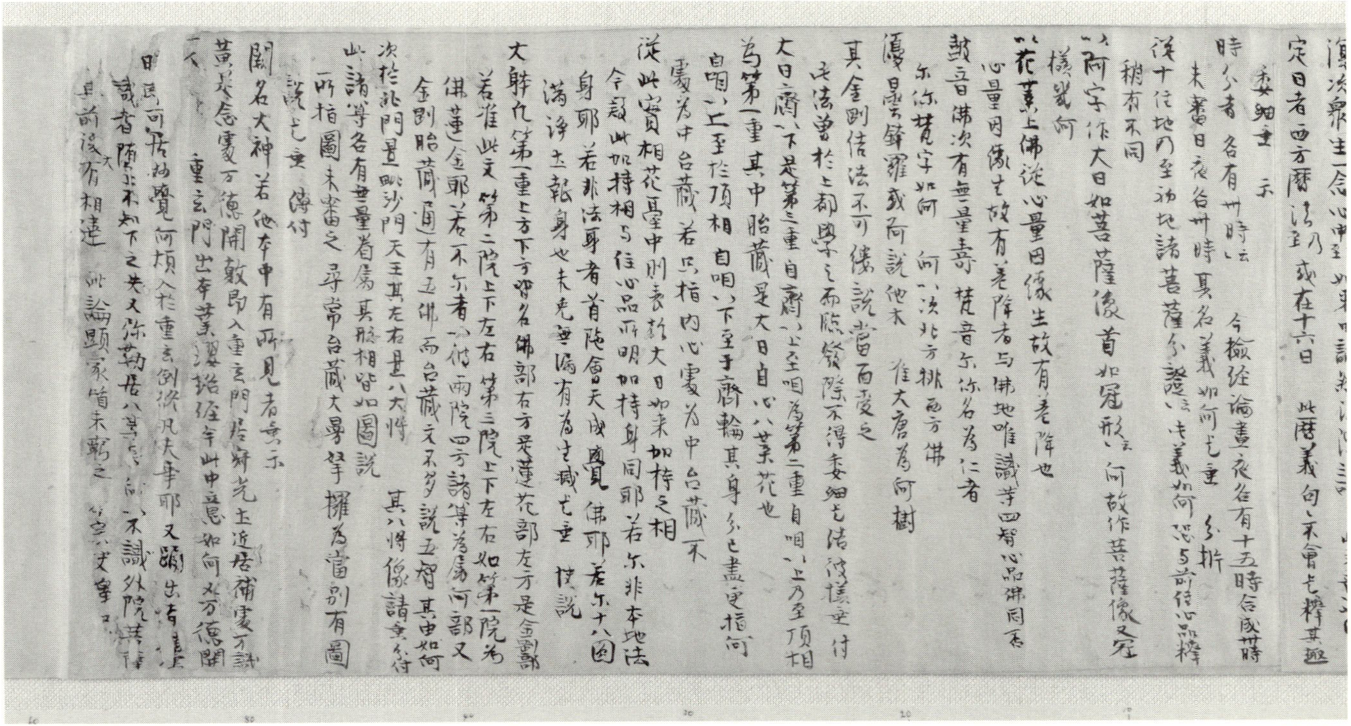

次衆生一念心中至如来の說然…

定日者西方曆法乃或在十六日　此曆義句〻未曾ㇾ釋其趣

委細注示

時分者　名有卅時云　今檢經論晝夜名有十五時合成卅時

未審日夜合卅時其名義如何ㇾ重　分析

從十住地乃至初地諸菩薩分證ㇾ云此義如何　說ㇾ所住心品釋

稍有不同

以阿字作大日如菩薩像首如冠形云　何故作菩薩像又冠

様幾何

以花葉上佛從心量因縁生故有垂降也

心量因縁生故有垂降者与佛地唯識等四智心品佛同否

鼓音佛次有無量壽　梵音尓弥名為仁者

其金剛佉法不可像說當面受之

此法曾於上都學之而臨發際不得委細ㇾ佉法様ㇾ付

尓弥梵字如何　向ㇾ次北方桃西方佛

優曇鉢羅或何說他木　唯大唐為何樹

大日臍ㇾ下是第三重自臍ㇾ上至咽為第二重自咽ㇾ上乃至頂相

為第一重其中胎藏是大日自心八葉花也

自咽ㇾ上至於頂相自咽ㇾ下至于臍輪其身分已盡更指何

處為中台藏若只指内心處為中台藏不

從此寶相花臺中所表於大日如来加持之相

今疑此加持相与住心品所明加持身同耶若尓非本地法

身耶若非法身者首陀會天成覺佛耶若尓十八図

滿淨土觀身也未免無漏有為生滅ㇾ重　決說

大肆九第一重上方下方皆名佛部右方是蓮花部左方是金剛

若准此文第二院上下左右第三院上下左右如第一院為

佛蓮金剛若不尓者ㇾ彼兩院四方諸尊為属何部又

金剛胎藏通有五佛而台藏文不多說五智其由如何

次於北門置毗沙門天王其左右置八大將　其八將像請重ㇾ付

此諸尊各有無量眷属其形相皆如圖說

所指圖未審之尋常台藏大曼拏攞為當別有圖

說也重ㇾ付

閻名大神若他本中有所見者垂示

一　黃是念處万德開敷即入重玄門居解光主近居補處万誠

重玄門出本業瓔珞經等山中意如何又方德開

曰為可曉覽何煩入於重玄倒次凡夫爭耶又顯出者是

識者隨ㇾ不知下之失又弥勒居八葉ㇾ分ㇾ不識外院菩薩

是前後有相違　此論題家皆未彰之

第十六紙

38-17-1

38-18-1

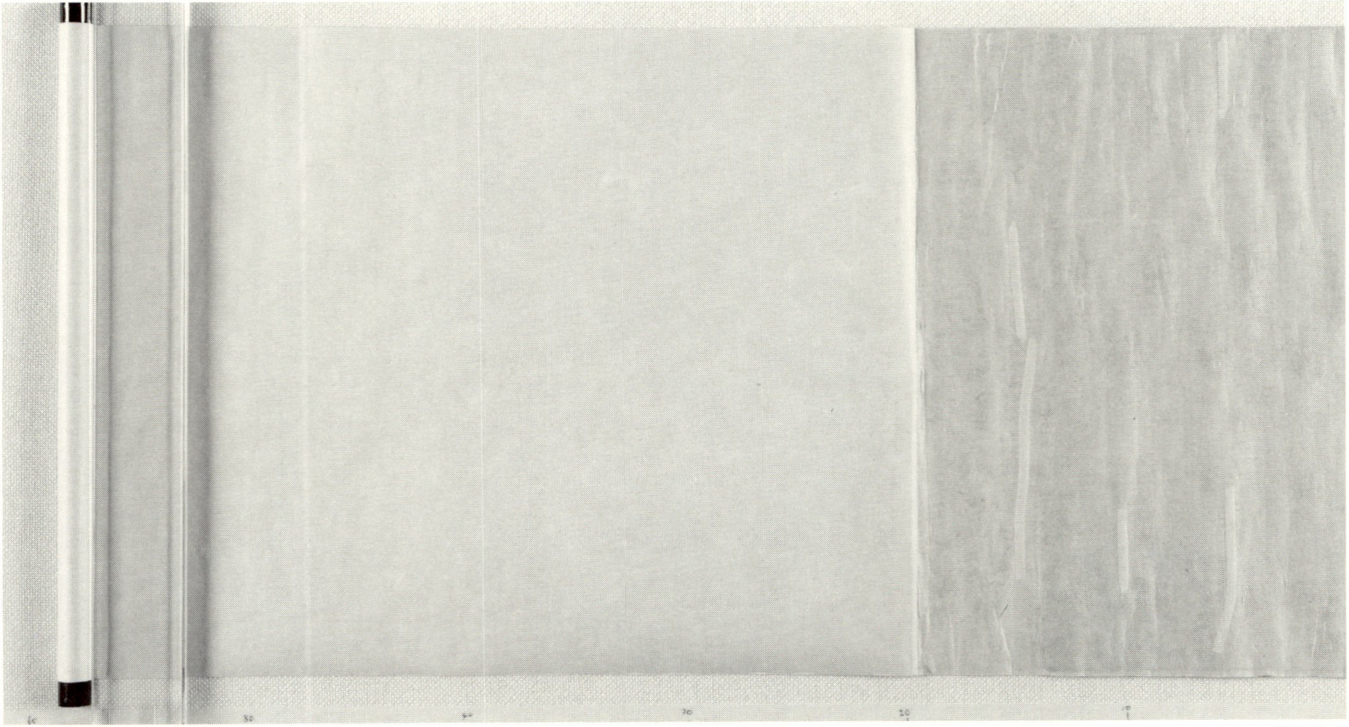

この画像上下逆に撮影

38-19-1

〔四十二〕　円珎請伝法公験奏状案（自筆本）

42-00-1

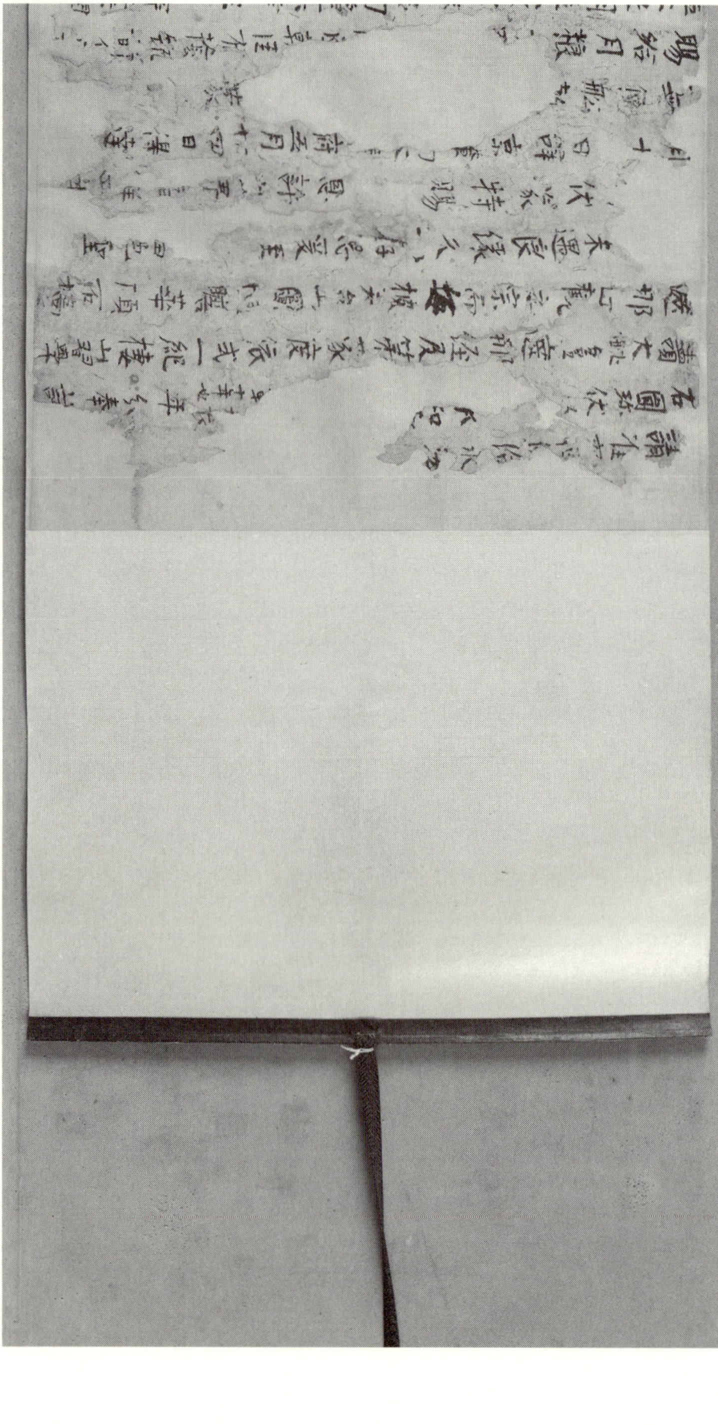

42-01-1

第一紙

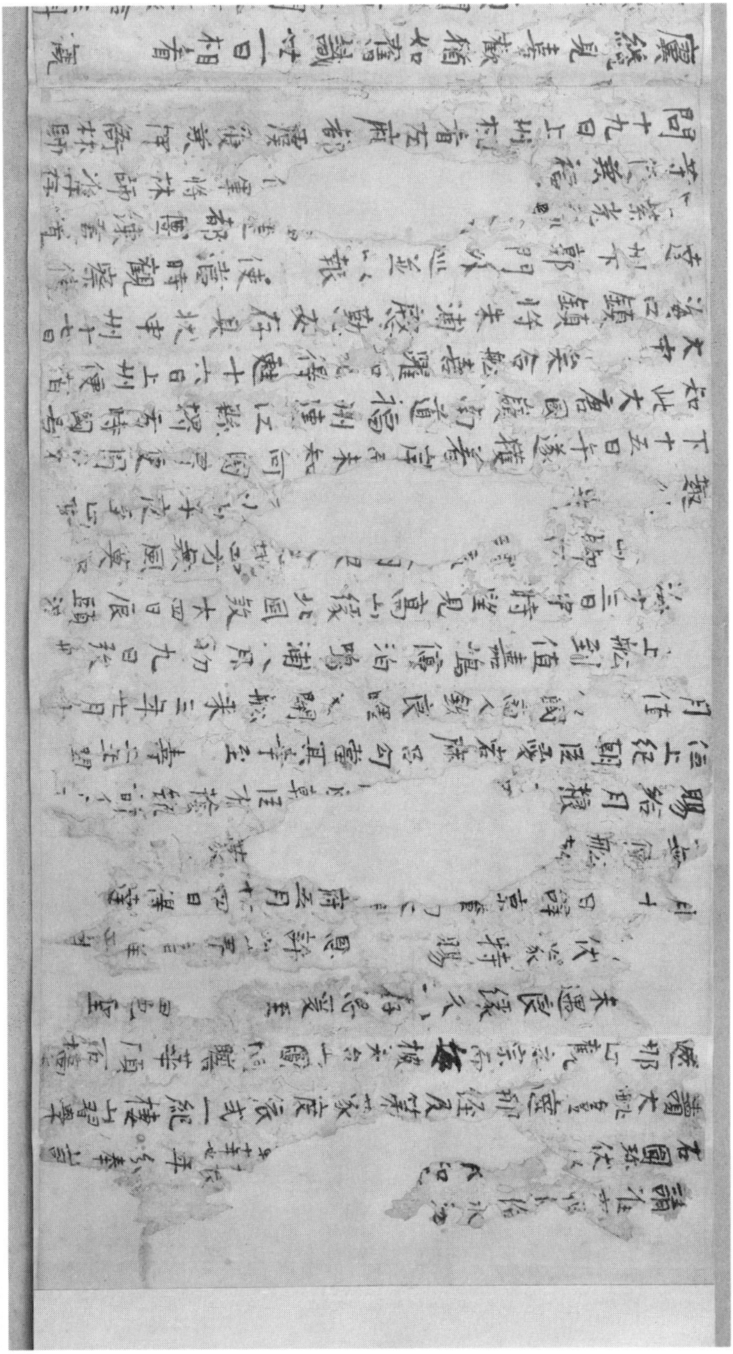

42-02-1

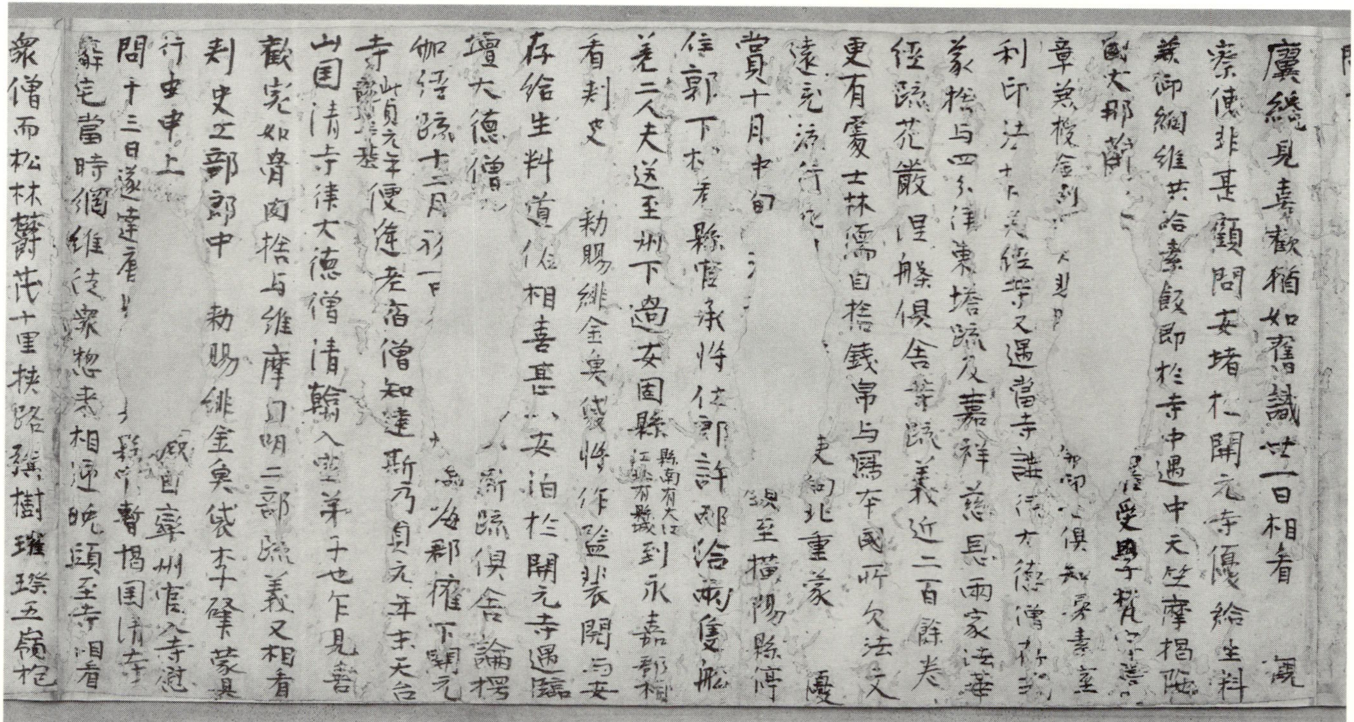
問
廣綫見喜歡猶如舊識廿一日相看
察使非甚顧問安堵於開元寺優給生料
兼御綱維共給素飯即於寺中遇中天竺摩揭陁
國大那蘭 受學梵字悉曇
章兼授金剛 俱知梵書
利印法十大經尊又遇當寺講律大德僧存式
蒙捨与四分律東塔疏及嘉祥慈恩兩家法華
經疏花嚴涅槃倶舍等疏義近二百餘卷
更有處士林德昭捨錢帛与寫本國所欠法文
遠充流行也 史約北重象 慶
賞十月中旬 發至溫陽縣停
侍郎下本縣官承得侍郎許郡給船
差二人夫送至州下過安固縣 縣南有大江 江北有橋 到永嘉郡橫
看刺史 勅賜緋金魚袋將作監裴閑与安
存給生料道俗相喜 安泊於開元寺遇臨
壇大德僧 新疏倶舍論
伽經疏十二月初一下 爲海郡權下開元
寺 便從老宿僧知建斯乃貞元年末天台
山国清寺律大德僧清翰入室弟子也乍見喜
歡宛如骨肉捨与維摩百明二部疏義又相看
刺史工部郎中 勅賜緋金魚袋李肇蒙其
行由申上 欲過韋州官人寺迎
問十三日遂達唐 暫揖国清寺
辭宅當時綱維徒衆惣來相迎晚頭至寺相看
衆僧而松林蘚苑十里挾路琪樹璀璨五嶺抱

└ 第二紙

42-03-1
└

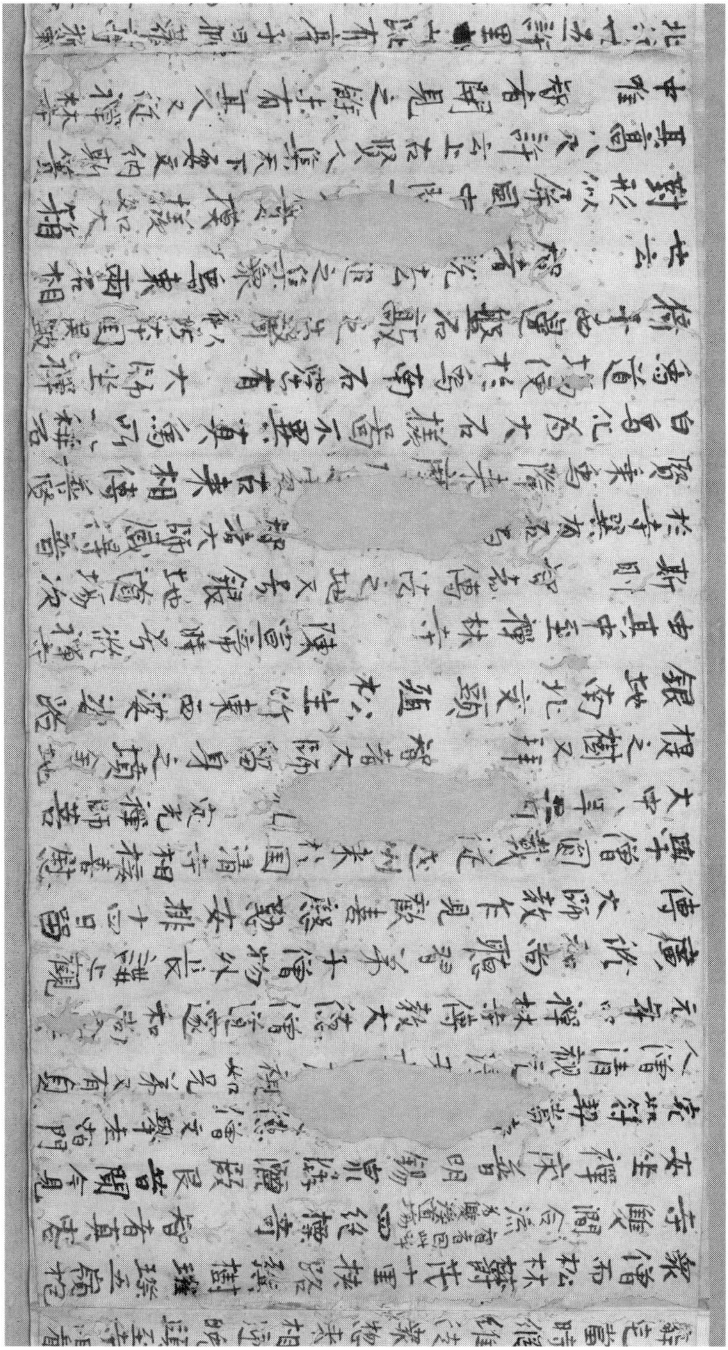

第三紙

42-04-1

第四紙

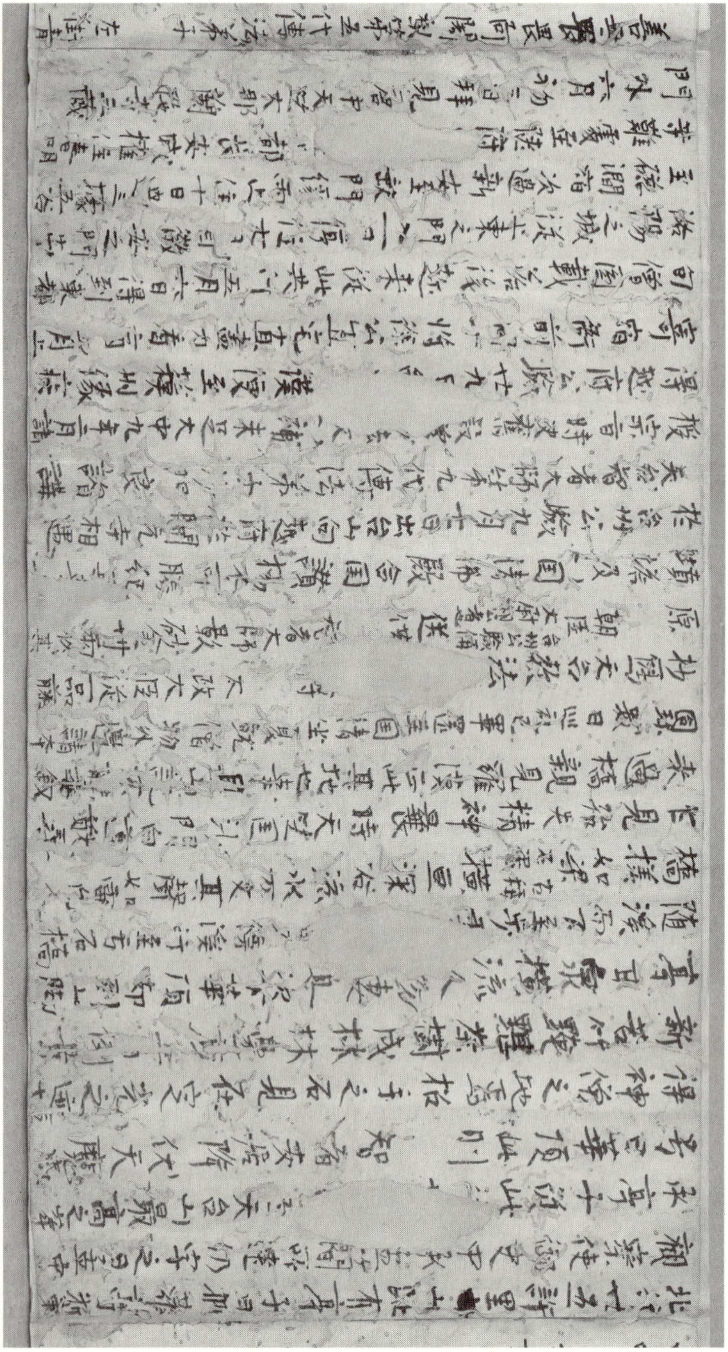

42-05-1

第五紙

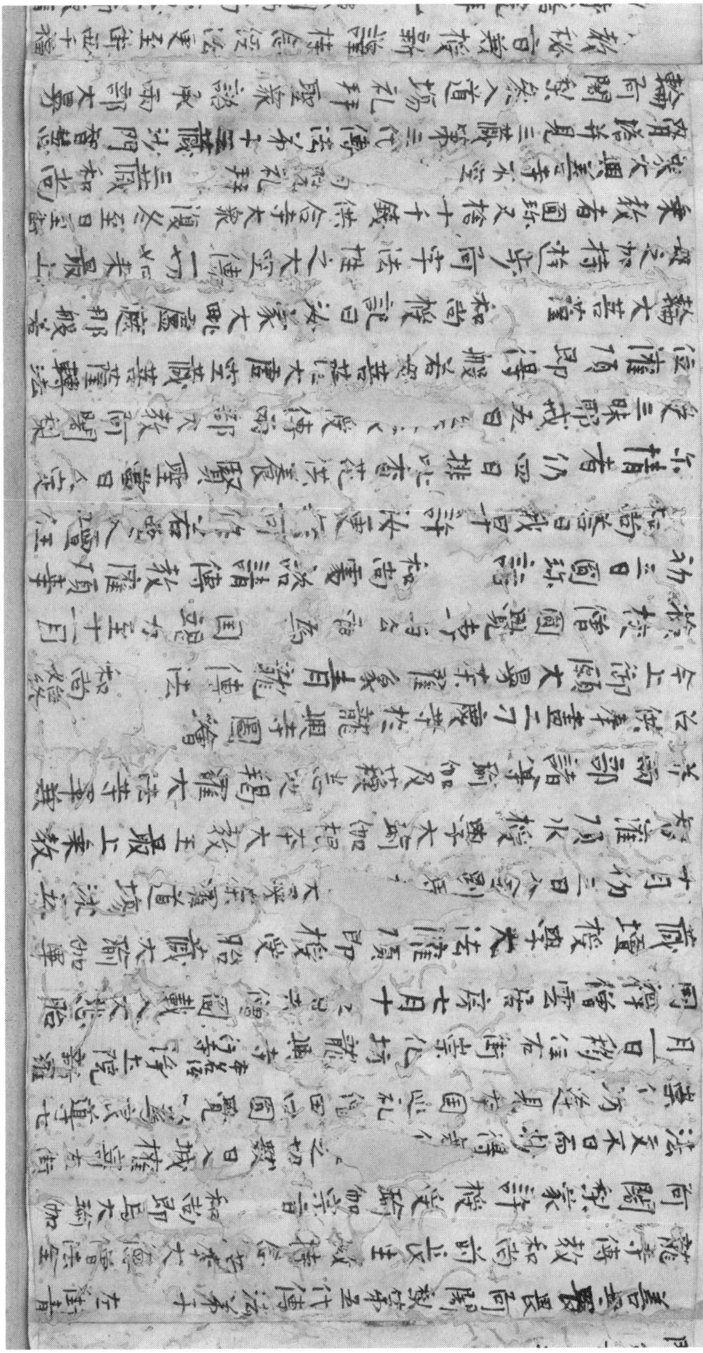

42-06-1

輪向陽季參入道場礼拜…

教秘旨兼授新譯持念經法更至街西千福
寺多寶塔院拜見　陳國師南岳思大師陳隋
二帝師天台智者真人少形兩　大師碑文後寫真容
一部路及碑本次巡莊嚴西明慈恩興福崇福薦福
寺寺廿七日圓珍共僧圓覺拜辭　本師出長安城
從春明之門指東渭橋行廿八日過橋漸行從櫟
陽縣至同州城次渡蒲關即到　舜城[illegible]此河
中府矣黄河兩岸　鐵牛四頭鐵繫脚傳
船爲浮橋之基便出府門傍中條山向東而
行路側見古劍匠莫耶之墓又看解縣鹽池
從於柳谷至陝府背後方過黄河宿府城内甘
棠驛邊邏延行多之莫耶鑄劍之地自硤石
官路而登土嶺入洛州界十二月十七日踏雪
没膝至東都龍門伊水之西廣化之寺礼拜
無畏三藏和尚舍利之塔沙門道圓授
三藏碑一本流傳年東十八日又踏大雪至東
京從長夏門入至水南温柔坊新羅王子
宅寺知宅官王原甚与安堵乗閑詣于大聖
善寺　善無畏三藏舊院礼拜真容向後
遊歷敬愛古号佛授記寺本门天宮荷澤等諸寺大
中十年正月十三日与圓覺慕回至龍門西岡
尋三藏　金剛智阿闍梨墳塔遂獲礼拜
兼抄塔銘便望伊川東岸看故太保白居易
之墓十五日辭洛向吴至河陽白懷州界河内地是也
至黄河上船渡河十里到河陰縣積漸行到

└ 第六紙

42-07-1

第七紙

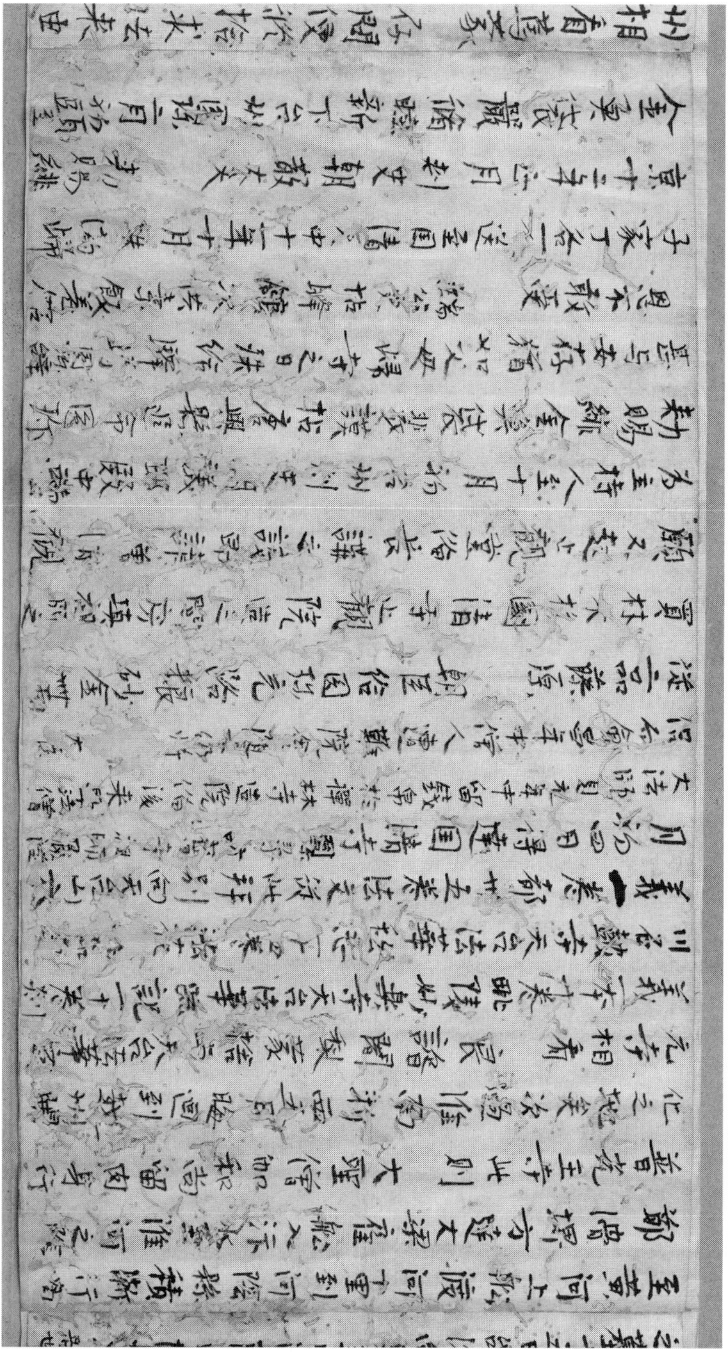

42-08-1

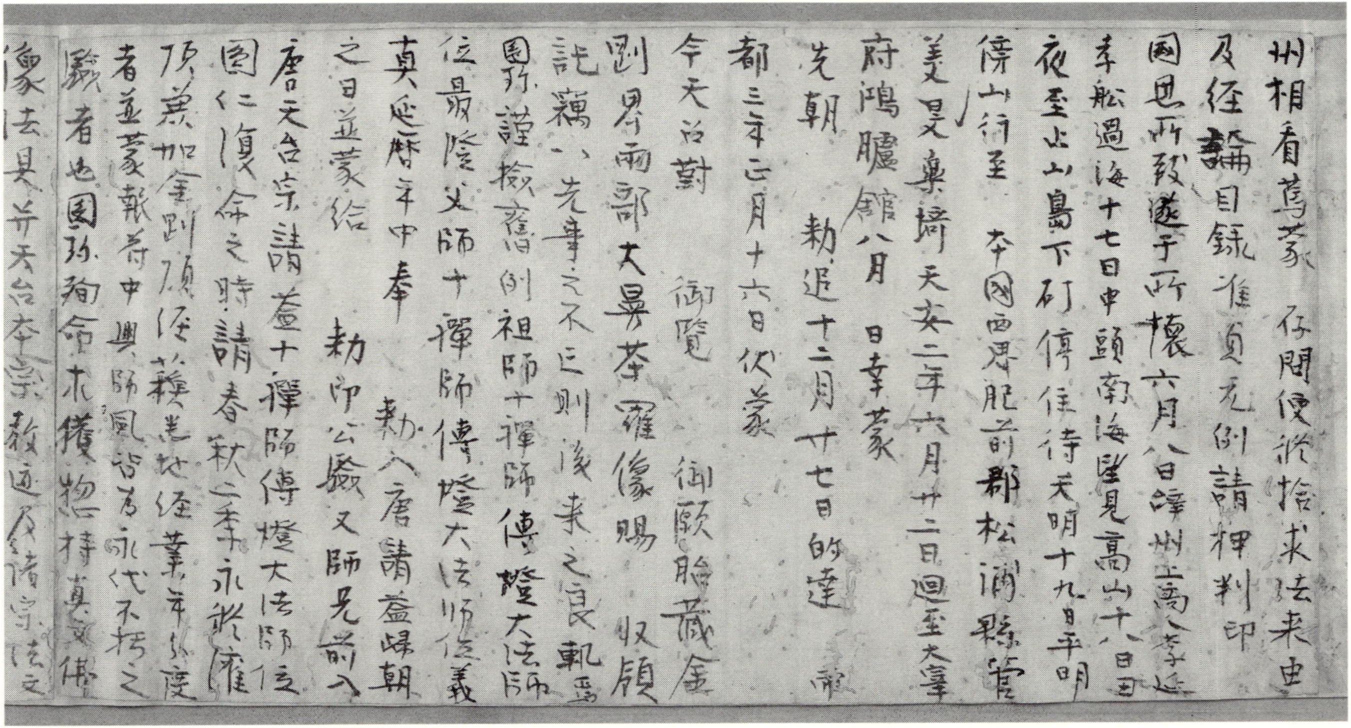
州相看蔦蒙　仔問便從拾求法来由
及経論目録　唯貞元例請押判印
國思所致遂于所懐　六月八日達州上高八李延
孝船過海　十七日申頭向海望見高山　十八日
夜至止山島下矴　停住待天明　十九日平明
傍山行至　本國西界肥前郡松浦縣管
美旻楽埼　天安二年六月廿二日廻至大宰
府鴻臚館　八月　日幸蒙
先朝　勅追　十二月廿七日的達　京
都　三年正月十六日伏蒙
今天治對　御覧　御願胎藏金
剛界両部大曼荼羅像賜　収領
託　竊以先聖之不亡則後来之良軌焉
圓珍謹検舊例　祖師十禅師傳燈大法師
位最澄　又師十禅師傳燈大法師位義
真　延暦年中奉　勅入唐　請益帰朝
之日並蒙給　勅印公驗　又師先前入
唐天台宗請益十禅師傳燈大法師位
圓仁　復命之時　請春秋二季永叙羅
頂蒙加金剛頂経蘇悉地経業年分度
者並蒙勅許中興師風旨為永代不朽之
驗者也　圓珍殉命求獲物持真文佛
像法具并天台本宗教迹及請宗法之

∟ 第八紙

42-09-1 ∟

第九紙

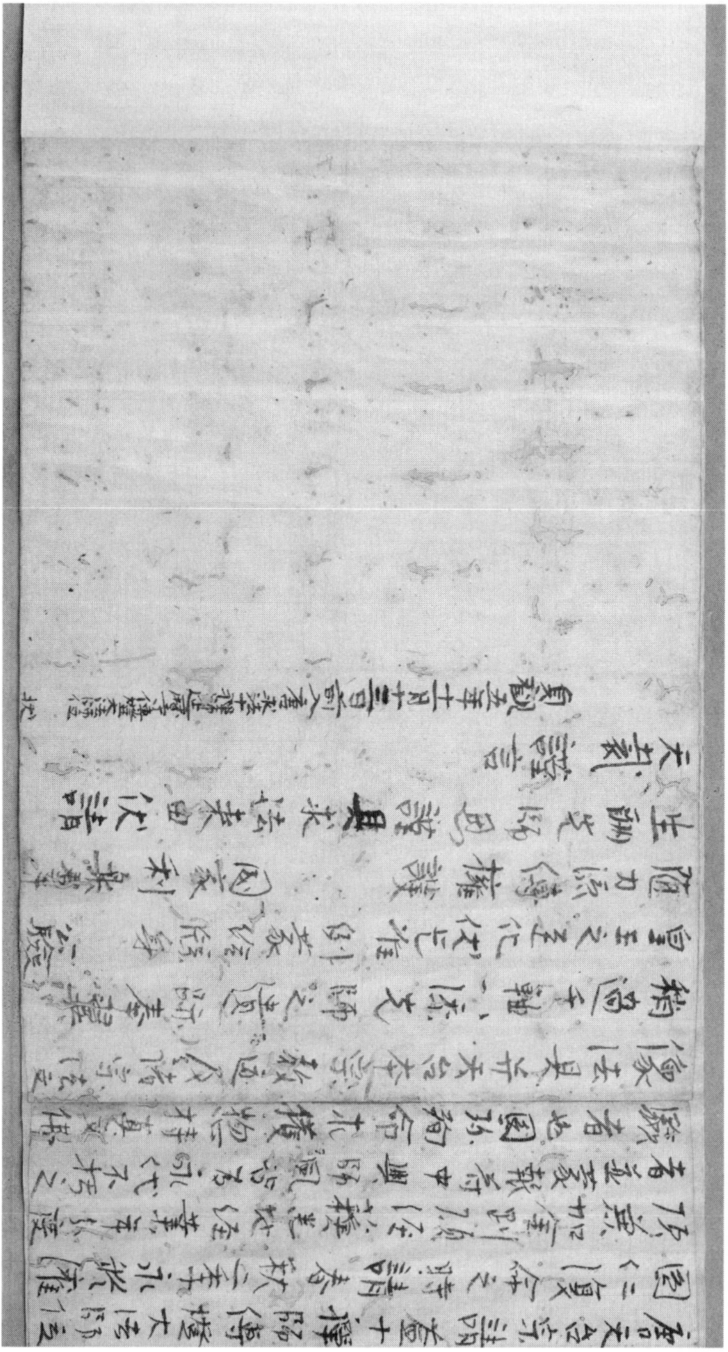

42–10–1

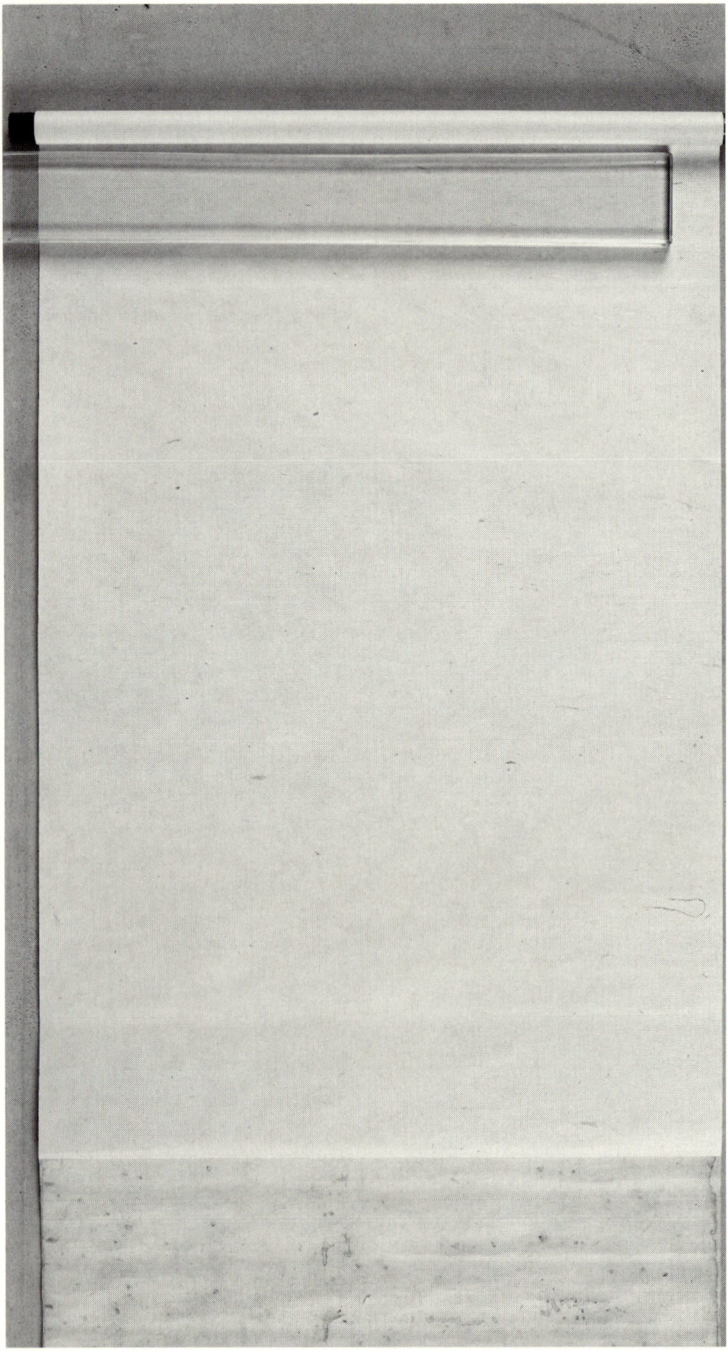

42–11–1

42-12-1

〔五十六〕　制誡文

56-00-1

56–01–1

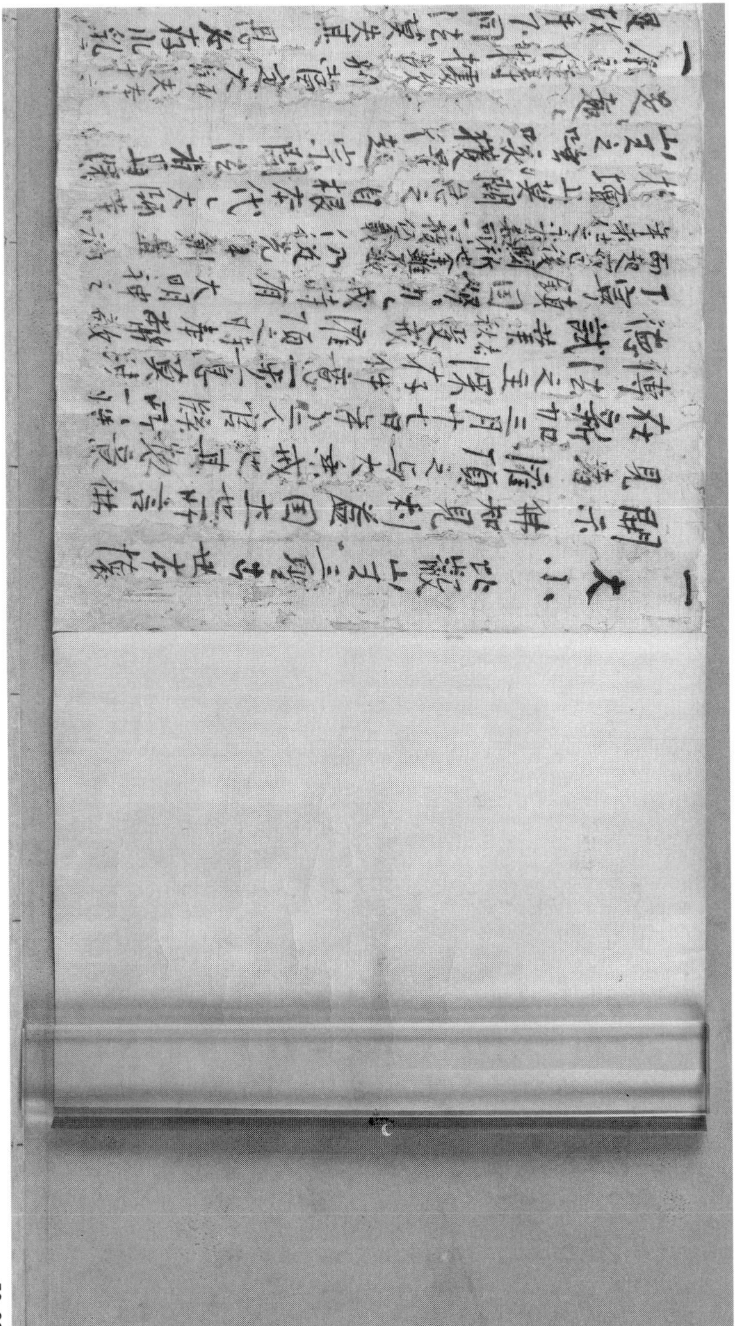

56-02-1

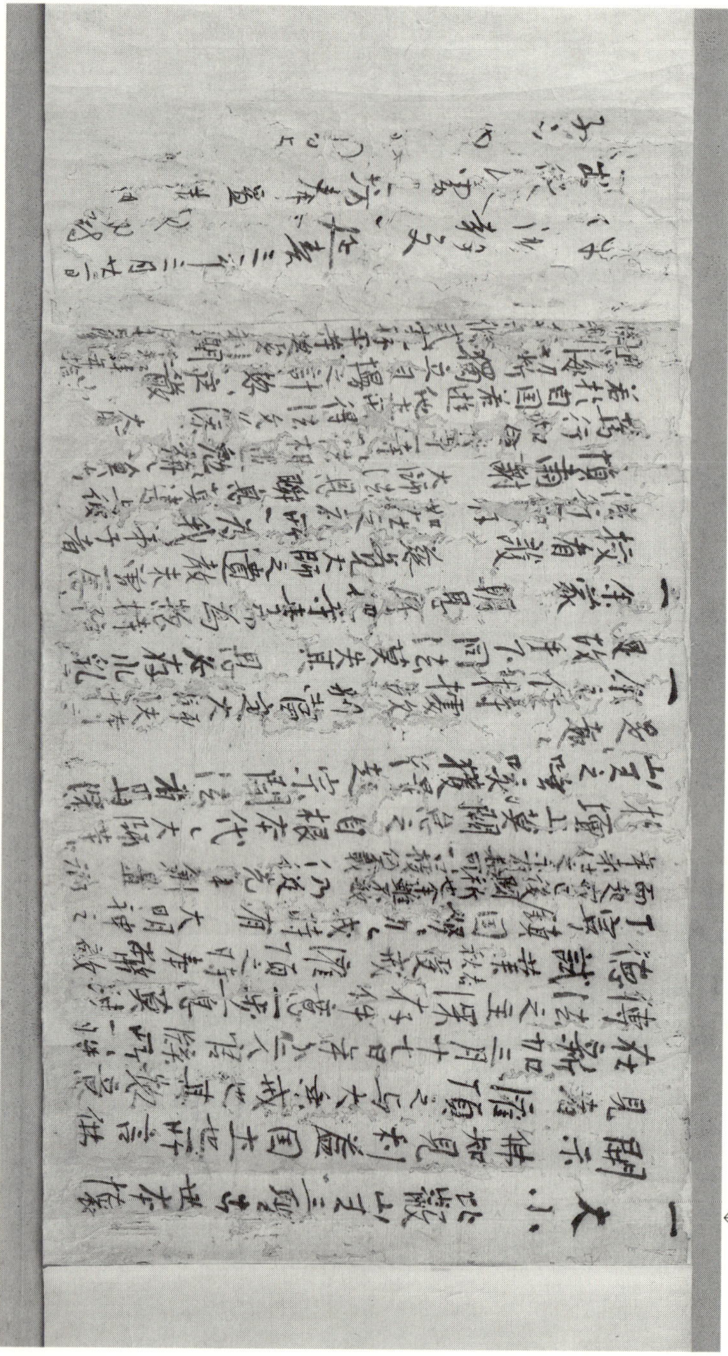

この部分紙背に墨書あり

この部分紙背に墨書あり

第一紙

第二紙

56–03–1

56–04–1

56-05-1

〔五十八〕 議定文

58-00-1

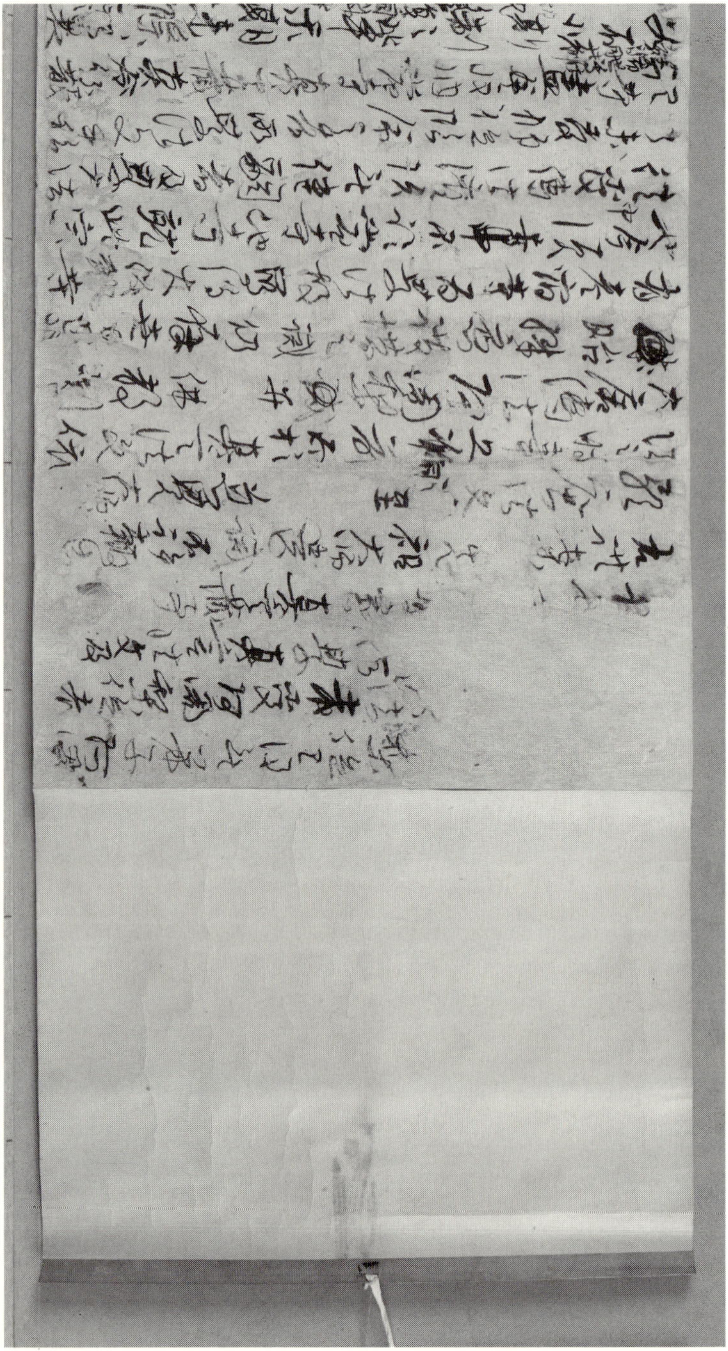

この部分に紙背墨書あり

58-01-1

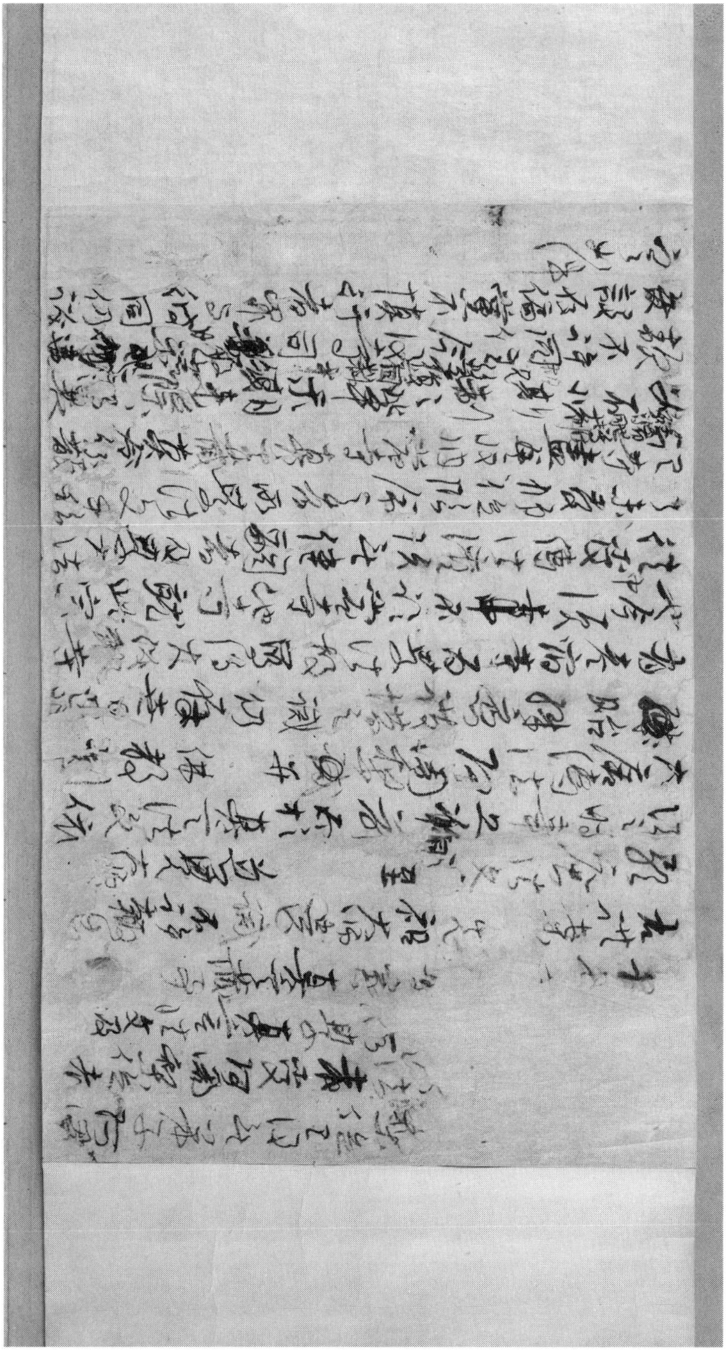

58-02-1

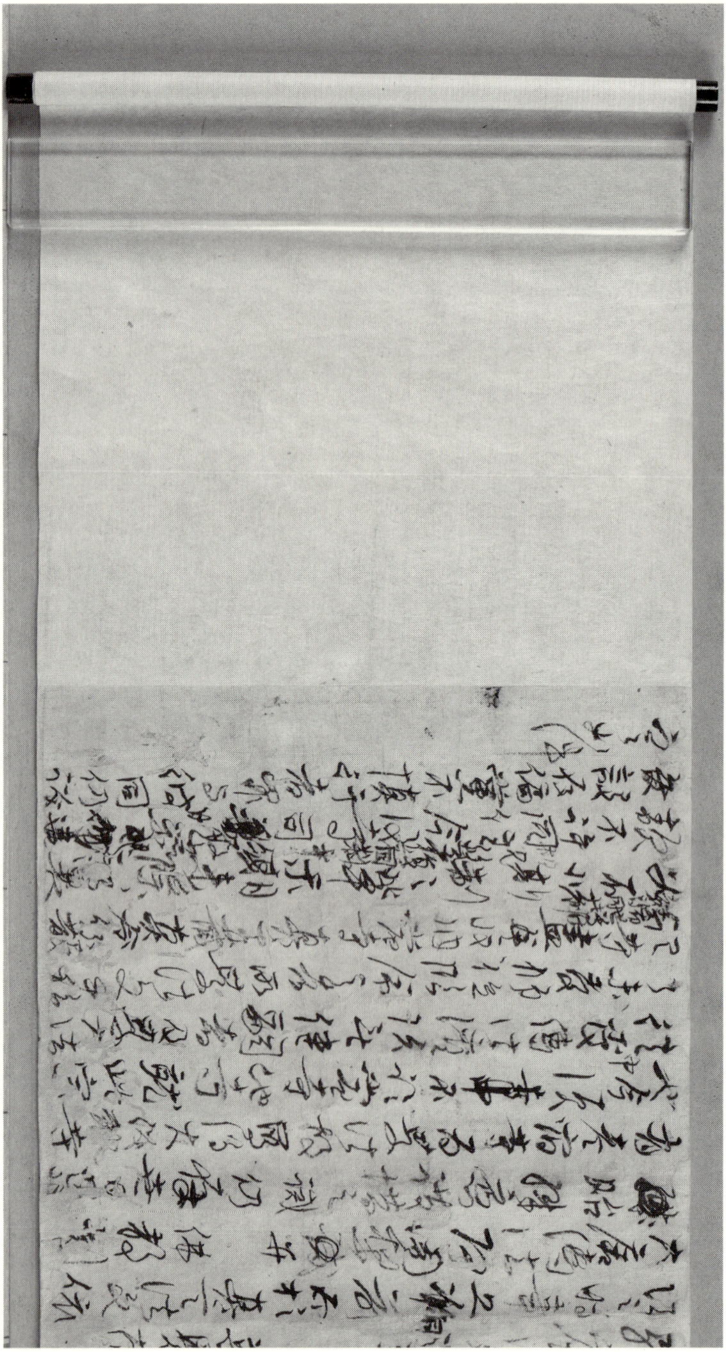

58-03-1

58-04-1

〔五十九〕　病中言上書

59-00-1

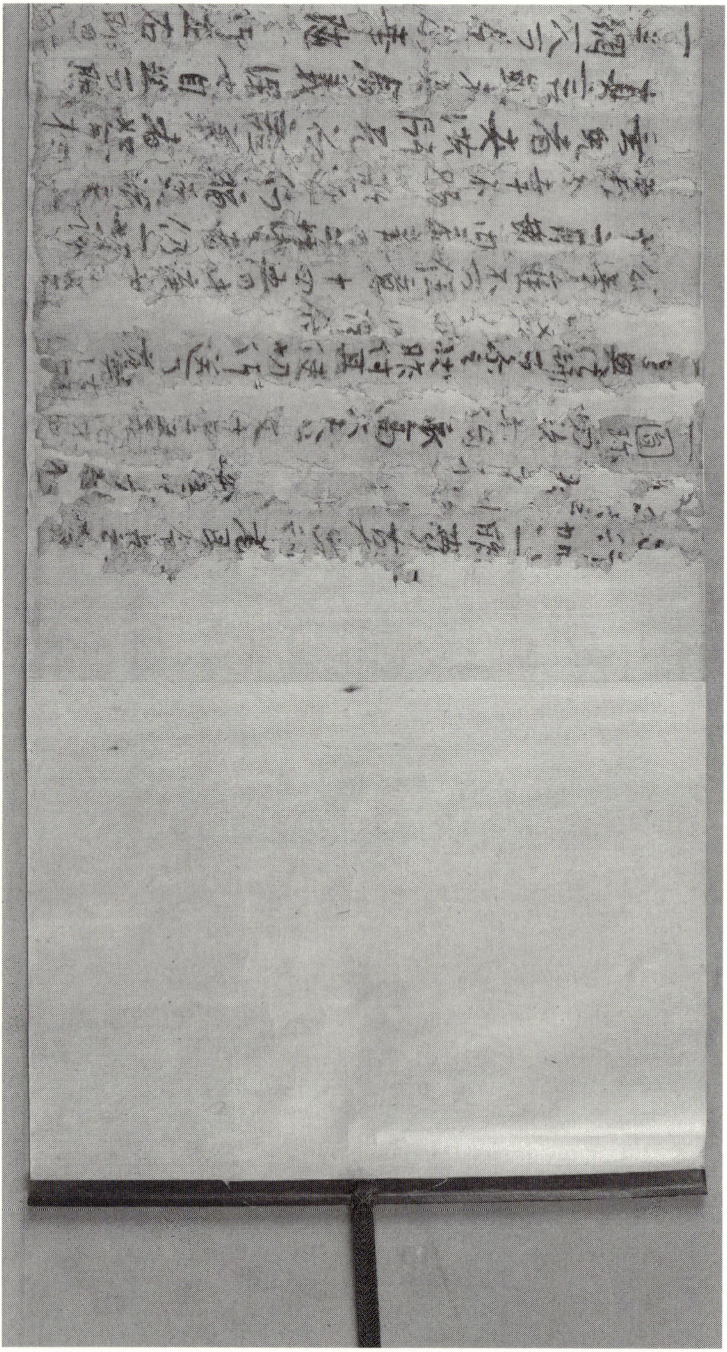

59–01–1

第一紙

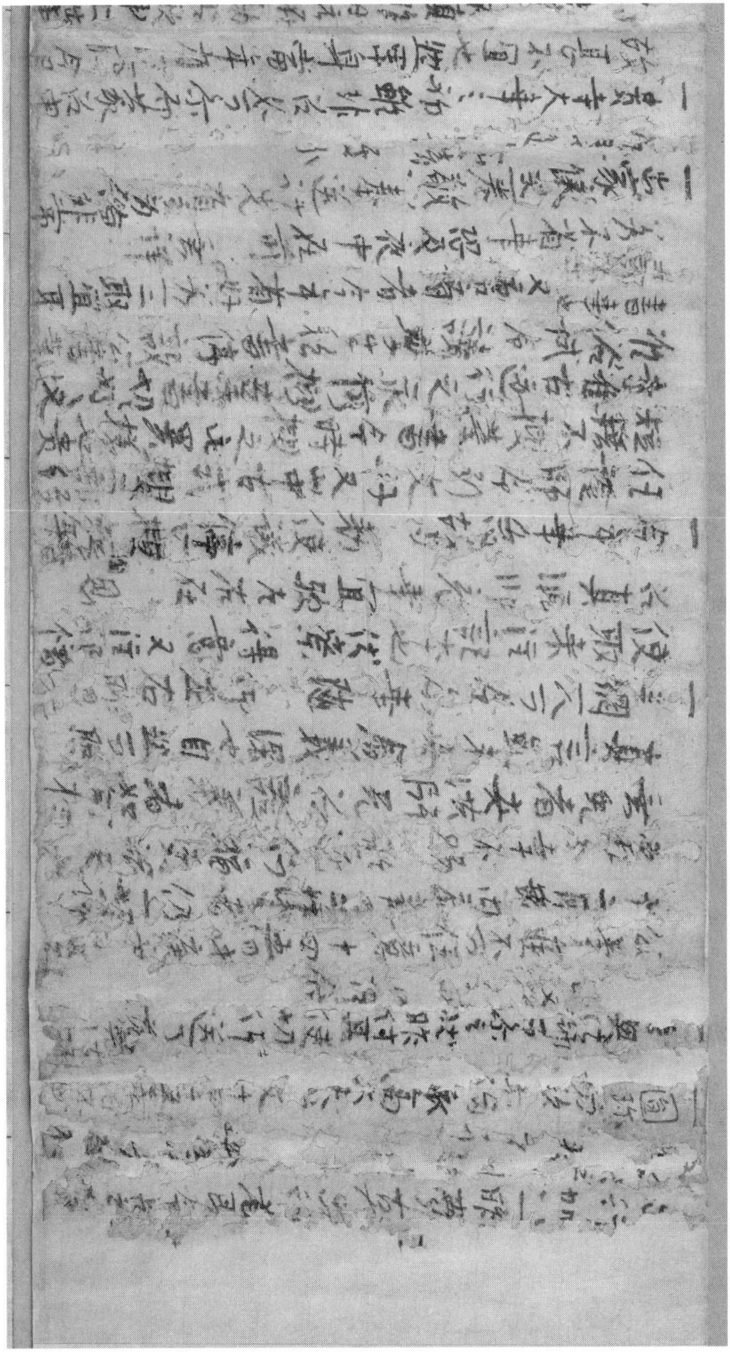

59-02-1

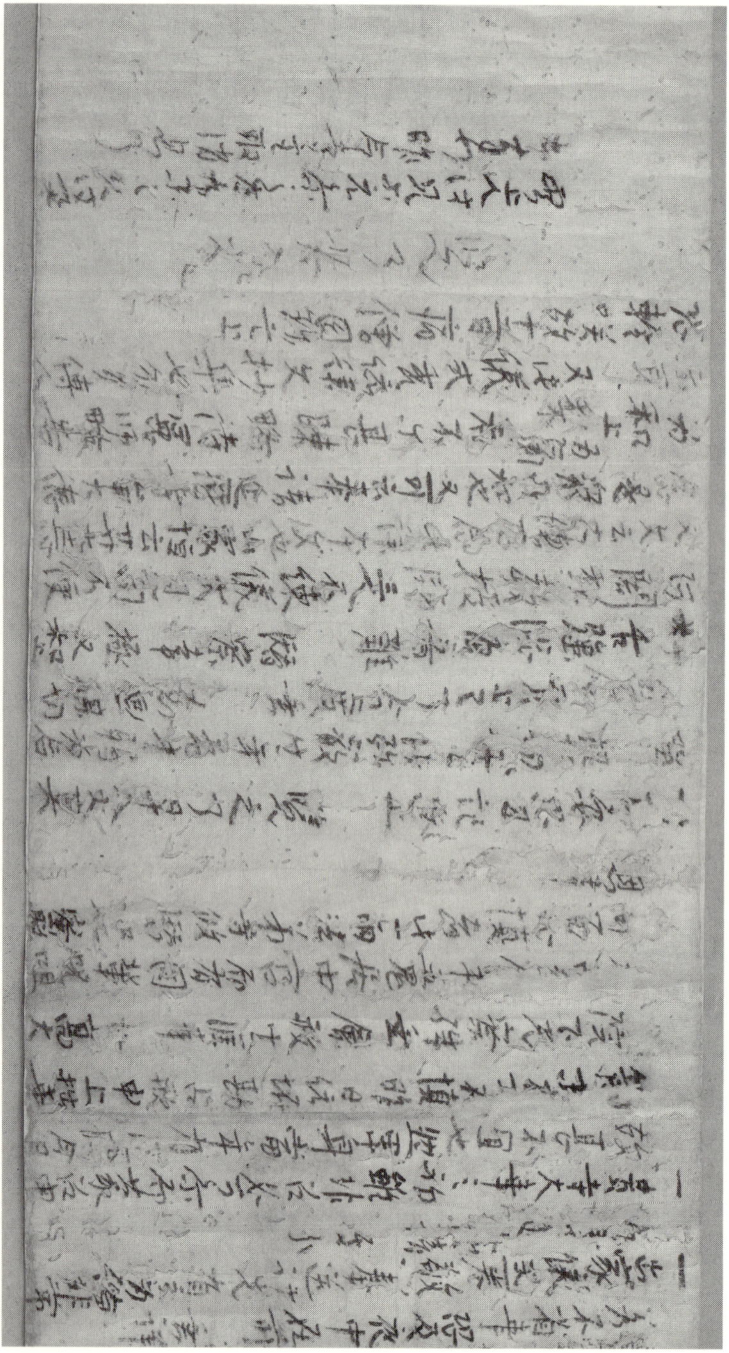

59-03-1

第二紙

59-04-1

59–05–1

解説

はじめに

本書では、国語学の資料として利用し得る画像を集成した。国語学の内、国語史、特に文字史の研究に役立てることを意図している。文字史の資料としては、年代の判明するものが望ましい。又、筆者の明らかなものも望まれる。さらに、その筆者の履歴がわかればより貴重である。

そうした意味で、仏教各宗祖師等の遺墨集成は、同一個人の年代の明らかな文字資料として重視される。こうした遺墨集成は、言語生活史の視点からすれば、個人の言語生活の経年変化を伺い知る契機となり得るものであり、貴重な資料である。従って、言語生活史の観点からも重要である。

天台寺門宗開祖智証大師円珎（八一四〜八九一）の遺著・遺墨等は、現在、

『智証大師関係文書典籍』　園城寺蔵

『円称関係文書』　国（東京国立博物館保管）蔵

として別々に所蔵されているが、これは明治以降の北白宮家への移動、それの国有化と言った事態を反映したも

のである。
本来これら遺著・遺墨等は一具のものとして、天台寺門宗に於て、崇敬護持され来ったものである。
これら、『智証大師関係文書典籍』『円珍関係文書』は、既に『園城寺文書』第一巻に集成されている。その中に、翻刻とともに影印も収められている。
しかし、それは活字による翻刻とモノクロの影印のみであり、文字史資料として利用するには限界があった。
そこで、今回、高画質カラー画像資料の形で公開を試みるものである。
又、画像は現状の記録と言う意味で、本文のみではなく、巻首から巻軸まで収めた。

文字史資料として（大師自筆書跡群）

今回は、寺内伝来分の中から文字史資料としての有用性の高いものを厳選した。
まず、智証大師自筆の
〔二十三〕福州温州台州求法目録
〔三十八〕円珍疑問
〔四十二〕円珍請伝法公験奏状案
〔五十六〕制誡文
〔五十八〕議定文

〔五十九〕病中言上書

を収める。（〔　〕内番号は『園城寺文書』第一巻の番号による。）

これらは年代順（年代の推定は『国宝』十一・書跡Ⅲ　毎日新聞社　昭和五十九年を参照。）に配列すれば、

大中八年（八五四）〈四十一歳〉

〔二十三〕福州温州台州求法目録

貞観五年（八六三）〈五十歳〉

〔四十二〕円珍請伝法公験奏状案

元慶六年（八八二）〈六十九歳〉以前か

〔三十八〕円珍疑問

元慶七年（八八三）〈七十歳〉前後か

〔五十八〕議定文

仁和四年（八八八）〈七十五歳〉

〔五十六〕制誡文

寛平二年（八九〇）〈七十七歳〉頃か

〔五十九〕病中言上書

となり、四十代から七十代までの筆跡を検し得る。

さらに、
〔二十三〕福州温州台州求法目録
は在唐中の筆であり、同一人の在唐時代の筆跡を知る事ができる点、貴重である。

文字史資料として（来翰集・報酬詩）

漢字文化圏内での漢字通用の実態を知る意味からも、智証大師と書簡類を交換した唐人の遺墨は貴重である。古代を対象とした遺墨集が編まれるに際し、「来翰集」の類が収められる例は少く、唐人のそれまでも収め得ることは僅少であろう。
こうした意味で
〔十九〕唐人送別詩并尺牘
〔二十〕唐人送別詩并尺牘
は唐人の「来翰集」として貴重なものであり、研究上重要な意味を持つ。
そこで、智証大師自筆ではないものであるが、茲に収めることとした。
これら資料中には、来邦した唐人が本邦年号を利用している事例もあり、言語制度上の資料としても注目されるものである。
又、収められた漢詩は作者自筆であり、九世紀の作者自筆の文芸作品の遺在するものの僅少な中にあって、貴重なものであり、文芸史上も注目される資料である。又、当然、文芸交渉史上の意義も大きい。

先掲

〔四十二〕円珍請伝法公験奏状案

の画像中（42-07-1）には、大中十年（八五五）正月十三日に「白居易之墓」を「看」したことを記しており、その文芸交渉史上の意義も忘れてはなるまい。

草仮名資料として

先掲の大師自筆

〔五十九〕病中言上書

の追書二行は『円珍関係文書』中の

〔一二〕讃岐国司解

の袖書五行の「有年申文」と共に草仮名資料として著名なものである。

そこで、参考の為、所蔵者の許可を得て『讃岐国司解』の巻首と巻末をカラー図版で本冊に収めた。巻首は「有年申文」を含む部分であり、巻末は有年の著名を含む部分である。

『病中言上書』にあっては、追書二行が草仮名資料とされる部分である。

ここに、念のため二種の草仮名資料の翻字・釈字と私釈を示しておく。

〔二〕讃岐国司解の袖書「有年申文」

翻字（漢字字母の形で示す）

改姓人夾名　勘録進上　許礼波奈世
無(无)爾(尓)加　官爾(尓)末之多末波無(无)　見太
末不波可利止　奈毛於毛不　抑刑
大史乃多末比天　定以出賜　以止与
可良無　　有年申

釈字（右傍線は連綿部分）。

改姓人夾名・勘録　進上。これはなせ
むにか。官にまし たまはむ。見た
まふばかり　と　なも　おもふ。抑刑
大史のたまひて、定以出賜　いとよ
からむ。　　有年申

私釈

（在京国司であり太政官参議を兼官する藤原善縄（良縄）に申上げます。）
改姓人の『夾名』並びに『勘録』を解文(げぶみ)の形式で進上します。
これを国司の立場で解文として上申し（「解(はな)す」（下二））ようとするのでしょうか。

太政官に上申することをなさっても、一覧なさるだけだと思います。
（そこで、太政官参議と言う立場を使って、善縄の部下に当たる）刑大史（刑部真鯨）に迫って、命令を下さ
れ、（和気公の姓を下さると言う符牒）を出させることを決定されたら、たいそう良いでしょう。
在庁の官人有年が申上げます。

・連綿部分の整理
単語内の連綿（全部）
まし、たまは、なも、いと
単語内の連綿（一部）
ばかり、のたまひ
単語連続の連綿
これは、よからむ、
・特徴的な用例
まし（申し）、なも（なむ）

〔五十九〕病中言上書の追書二行

翻字（漢字字母の形で示す）
雲上人波　見奈　衣参之太布　末之久波　部太

布南利　昨　今寺主取消息了（注）

釈字

雲上人は　みな　え参じたぶ　まじくは　べた
ふなり。昨、令寺主取消息　了。

私釈

（対朝廷関係の内容を含むので、本来、雲上人の派遣を求めるべきであるが、）
雲上人が皆、派遣不可能ならば、寺内別当に差配させよ。
（この件は、）昨日、寺主に消息を受取らせてある。

・連綿部分の整理

単語内の連綿（全部）

なら

単語連続の連綿

参したふ

・特徴的な用例

たぶ（賜ぶ・補助動詞）　まじく（「まじ」の連用形）　雲上人

草仮名と言う名称は国語学にあっては、万葉仮名から平仮名への移行過程を示すものとして

奈良時代の末頃には、和歌や消息を書記すのに、「万葉仮名」を用いていたが、それを草書体に書崩して「草仮名」が生じ、それを更に書崩して「平仮名」になったと考えられる。しかしその過程を証明する資料は極めて稀である。

（築島裕『国語学』一九六六年初版・一九九一年第三十五刷七一頁　東京大学出版会）

と定義される。その草仮名の「極めて稀な」資料が『智証大師関係文書典籍』『円珎関係文書』中に遺存しているのである。

仮名文字の歴史は、全字母が相関して総体として体系的なものであるが、一々の字母の側から見れば個別的に展開しているので、ここでは「は」音を表記する仮名に例を取ってみよう。

「は」音を表すに「波」字の草体を利用することは、万葉仮名の音仮名「波」に由来すると思われるのであり、正に万葉仮名から平仮名への移行過程を示す例と言えよう。

奈良時代の『古事記』『日本書紀』『万葉集』いずれも「波」字を「は」の字音仮名として利用している。平安時代極初期編修完成（延暦十六年〈七七九〉）の『続日本紀』の宣命書小字に於ても、「波」字は「は」の音仮名として利用されている。

奈良時代に於て、漢字利用習熟の階程として『千字文』の習書が行われていたことは、木簡・墨書土器等の出土文物から明白なところである。

ところが、「波」字は『千字文』に収められている漢字ではない。

一方、「は」音は「難波津・安積山歌」の六十二音の内に入っている。「難波津・安積山歌」の習書木簡等では、「は」音を表わすために「波」字が利用されている。

『続日本紀』宣命書大字中に『千字文』そのものの引用がされているように、『続日本紀』宣命書大字は『千字文』に収められた漢字の習書を基盤としている。

対して、『続日本紀』宣命書小字の方は「難波津・安積山歌」の習書に利用された漢字を基盤にしていたのではないだろうか。全六十二文字、かなりの音が重なっているので異なりは半数以下の二十九音のみであっても、「難波津・安積山歌」は宣命書小字のかなりの部分を覆い得る。したがって、習書に当って全ての音の文字が収められている必要はないのではなかろうか。

『千字文』に収められた漢字を基盤とする、『続日本紀』宣命書大字のような用字体系と、「難波津・安積山歌」習書用漢字を基盤とする、『続日本紀』宣命書小字のような用字体系と、二種が併行して存在していたのではなかろうか。

ちなみに、『続日本紀』の宣命書小字の用字体系と言っても、子細に見れば、一様ではなく、『千字文』に収められた漢字を利用している場合もある。

しかし、例えば『千字文』に収められた「方」字を「は」の音仮名として利用する場合を見るに、その利用は巻第廿二~巻第卅に顕著であり、特に巻第廾五~巻第廾六に「方」字専用の宣命書は集中している。『千字文』に収められた「八」字を用いる宣命は巻第卅一の第五十二詔のみである。

同様に、『万葉集』に於て、「方」字「八」字を助詞「は」に利用するのは巻第十三のみである。

このように、『続日本紀』宣命書小字、あるいは『万葉集』の助詞「は」に『千字文』に収める漢字を利用する範囲は偏っており、『千字文』に収められない「難波津・安積山歌」習書で利用される漢字が多くの場合利用されている。

『続日本紀』以降の『六国史』(『日本後紀』『続日本後紀』『文徳実録』『三代実録』)の宣命書小字には「波」字(並びにその省画「皮」字)が用いられており、例外として「者」字の利用が一用例あるのみである。(『文徳実録』巻第一、嘉祥三年四月十六日条)

このような宣命書小字で利用されている万葉仮名は、律令制下の官人の間で常用されていたと思われるのであり、「有年申文」にもそれが見られるのである。

『病中言上書』は僧侶のものである。そこに、この「波」字が見られることは、宣命書や小字で利用される万葉仮名が僧侶の間でも常用されていたことを考えさせる。

思えば、聖語蔵蔵『阿毘達磨雑集論』(七九〇年頃)、神護寺蔵『沙門勝道歴山瑩玄珠碑』(八〇〇年頃)、山田嘉造氏蔵『弥勒上生経賛』(八五〇年頃)、聖語蔵・東大寺図書館蔵『地蔵十輪経』(八八三年)といった平安時代初期までの訓点資料では、「波」字の草体が利用されている。しかし、時代が下ると、『千字文』に収められた「八」字が常用されることになる。

こうした視点から、初期点本と、僧侶・官人の常用していた宣命書小字・草仮名との近さが伺われるのである。

まとめ

以上、文字史資料としての有用性について略述した。しかし、本画像資料の価値はそれに止まるものではない。何よりも、智証大師自筆聖教が詳細画像資料として公開されることは、仏教学上に大きな意味がある。例えば、従来活字本もしくはモノクロ写真によって解読されていたものが、画像資料による解読が試みられることになったことで、残画による未詳文字の推考に大きな力となることであろう。そうした基礎作業の進展により、仏教学歴史学研究にも新たな展開が期待されよう。

（注）　翻字は『園城寺文書』第一巻のそれに従った。

小松英雄『日本語書記史原論』には、一行目、「雲上人披見等」の試案の提示がある。

『日本語書記史原論』は〔二〕も含め、〔五十九〕の解読に当って、参照する必要がある。

今回、〔五十九〕については、草仮名部分のみではなく、文書全体の詳細画像が、智証大師自筆の園城寺所蔵文書の詳細画像とともに公開されたことにより、草仮名資料の分析が進むことを期待する。

収載資料略解

〔十九〕 **唐人送別詩　并　尺牘**　園城寺蔵　国宝

一巻九通（二巻のうち）

一、高奉　作、七絶一首　二九・五×四二・五・（以下法量はタテ×ヨコ、単位センチメートル）

二、未詳　、七律一首　二九・六×四二・〇

三、蔡輔　作、七絶四首　二九・六×四四・五

四、未詳　、七律一首七絶一首　二九・五×四三・〇

五、高奉　作、七律一首　二九・五×四二・五

六、李達　作、七絶一首　三一・三×三五・五

七、詹景全　作、七絶二首　二九・〇×四二・〇

八、蔡輔　作、七絶一首　三一・三×三五・五

九、蔡輔　作、七絶二首　二九・〇×四二・七

〔二十〕 **唐人送別詩　并　尺牘**　園城寺蔵、国宝

一巻九通（二巻のうち）

一、道玄　作、　七律一首　三〇・〇×四一・五
二、詹景全　作、　三〇・〇×四四・〇
三、李達　作、　三二・〇×四二・五
四、陳季方　作、　二九・五×四六・〇
五、陳泰信　作、　二九・〇×四一・五
六、常雅　作、　二九・〇×四一・五
七、蔡輔　作、　七絶二首　二八・〇×四九・五
八、師静　作、　二九・八×四三・五
九、徐公直　作、　三〇・六×三九・〇

智証大師と交渉のあった唐人の詩、来翰が集められ、十八通を九通ずつに分け、二巻に装訂したもの。それぞれの筆者、詩の形式は一覧の通り。二巻目第一紙〔二十―二〕は「道玄尺牘」とされることがあるが、内容は七律送別詩である。

江戸時代の敬光（けいこう）『風藻餞言集』（『唐房行履録』下所収、『大日本仏教全書』一一三、遊方伝叢書第一に活字翻刻）以来注解が試みられているが、初の全訳注解として『びわ湖アジア芸術文化祭アートプログラム　アジア美術との出会い』（平成十三年十月　滋賀県立近代美術館）所収の高梨鈍次「作品解説」は注目すべきものであり、解読に当たっては参照する必要がある。

〔二十三〕 **福州温州台州求法目録**　園城寺蔵　国宝

智証大師筆

一巻十七紙

二八・六×六一七・〇

巻首「大中八年（八五四）九月二日」円珎朱書

紙背（第十一紙・十二紙継目）「大中八年二日七日於国清西院勘記」円珎墨書

智証大師の求法目録は五種遺存しているが、全巻自筆の目録は本巻のみである。大中七年（八五三）から大中八年（八五四）までに、「福州」開元寺・大中寺、「温州」横陽県・永嘉県、「台州」開元寺・天台山国清寺に於て取経した四五八巻の目録である。

〔三十八〕 **円珎疑問**　園城寺蔵　国宝

智証大師筆

一巻十六紙

三〇・二×八八六・〇

巻首欠のため推定書名。

遮那業関係の教相・事相に係わる疑問を列挙した書。『上智慧輪三蔵書』に智証大師が疑問を集めた『疑集』を送ったことが見られるので、あるいは智慧輪三蔵に質疑をするための草稿として作ったものかと考えられる。そこで『上智慧輪三蔵書』成立の元慶六年（八八二）以前かと思われる。

〔四十二〕 円珎請伝法公験奏状案　　園城寺蔵　国宝

智証大師筆

一巻九紙

三一・三×四九六・〇

貞観五年（八六三）一一月一三日

入唐求法帰朝後、求法の証明をする公験（くげん）を発給してもらう目的で作成した、朝廷への奏状の案文。

この奏状案は二種遺存する。一種は弟子の作成と思われる貞観五年（八六三）三月七日付のものであり、一種は自筆の貞観五年（八六三）十一月十三日付のものである。茲に公刊するのは智証大師自筆のものである。内容は入唐求法行実のこの時点でのまとめとなっている。

〔五十六〕 制誡文　　園城寺蔵　国宝

智証大師筆
一巻二紙
二九・五×五二・〇
仁和四年（八八八）十月十七日
延喜三年（九〇三）三月二十一日異筆追記

智証大師七十五歳の仁和四年（八八八）十月十七日に、三条の遺戒を資に残したものである。異筆追記は、筆者未詳ではあるものの、延喜三年（九〇三）三月二十一日付のものである。

〔五十八〕議定文　園城寺蔵　国宝

智証大師筆
一巻一紙
二九・七×四三・〇

巻首欠失。遮那業関係聖教の散迭を防ぐために、寺家真言蔵を活用する事を定む。既に貞観十三年（八七一）に太政官より牒達された内容を、寺内議定の形で再確認したもの。七十歳頃の筆と言われる。

〔五十九〕病中言上書　園城寺蔵　国宝

智証大師筆

一巻二紙

三〇・七×一一三・〇

病中にあって、寺務、儀礼、対朝廷関係公事に関する指示を列挙した文書。智証大師晩年の筆とされる。

参考　**〔二〕讃岐国司解　巻首有年申文**　国（東京国立博物館）所蔵　国宝

一巻

二〇・〇×二六六・〇

『三代実録』貞観八年（八六六）十月二十七日条に智証大師一族の「和気公」への改姓記事が見られる。その翌年、讃岐国衙から太政官へ提出するために作成された解文（げぶみ）。在国庁官人藤原有年の袖書を受けて在京官人の判断により、巻首一行目にあるように「此国解、准太守告、更不出之」と言うことで提出されず、結果、智証大師の落掌するところとなった文書である。袖書五行が藤原有年筆の草仮名である。（本文書については、カラー図版二面を巻頭に収めるのみで、画像資料は収めていない。）

以上、〔　〕内の番号は『園城寺文書』第一巻の資料番号である。
掲出順は『園城文書』第一巻の掲載順である。

法量等形態の記述は『園城寺文書』第一表のそれに依っている。
DVDに収める表も『園城寺文書』第一巻のそれに一致させてある。

但し、本解説作成に際しては、画像資料に依りつつ若干の改変を行っている。

画像利用に際しての注意

今回撮影した画像は、墨書・虫損箇所に関しては原態の姿を反影しているが、紙面の凹凸に関しては、墨書を優先した照明を行ったため、原姿を反映した画像になっていない点に留意されたい。

原本に即しての画像確認等に際しては、中川仁喜、相田満　両氏の助力に依る所が多い。記して深く感謝する。

尚、本稿は平成二十一年度科学研究費補助金（課題番号二一六五二〇二六、観相資料の文学的研究、代表者・相田満）の成果の一部である。

智証大師略年譜

〔　〕内は文書番号（　）内に記すものは本書に収めず。
《　》内は関連事項

日本年号	中国年号	西暦（年令）	天皇	
弘仁五	天和九	八一四（一歳）	嵯峨	三月二十五日讃岐国那珂郷に生まる。俗名・因支首広雄。父宅成。母佐伯直氏（空海の姪）。
弘仁十三	長慶二	八二二（八歳）	嵯峨	《六日四日最澄入滅》
天長五	太和二	八二八（十五歳）	淳和	叔父・僧仁徳（宅麻呂）に伴われ比叡山に登り、義真の門に入る。
天長十	太和七	八三三（二十歳）	（淳和）仁明	《三月六日仁明天皇即位》 四月十五日延暦寺戒壇院で菩薩大戒を受く。後、十二年籠山に入る。 《七月四日義真入滅》
承和十二	会昌五	八四五（三十二歳）		十二年籠山満願。
嘉祥三	大中四	八五〇（三十七歳）	（仁明）文徳	《三月二十一日仁明天皇崩御。同日文徳天皇受禅。同日遍照出家、円仁に師事。》

（嘉祥四）仁寿元	大中五	八五一（三十八歳）	文徳	《四月十七日文徳天皇即位》 三月頃、右大臣藤原良房、権中納言良相の助けにより入唐求法決す。同時に内供奉十禅師に叙任さる。 四月十五日、大宰府に向け出京。海印寺に道雄（母方伯父）を尋ぬ。 五月二十四日大宰府に着く。四王院に滞在。 秋、『大日経指帰』撰述。
仁寿二	大中六	八五二（三十九歳）	文徳	二月十一日「大宰府公験」発給さる。（〔十三〕）
仁寿三	大中七	八五三（四十歳）	文徳	七月一日「大宰府公験」発給さる。（〔十四—一〕） 七月十六日博多より乗船出帆、値嘉島鳴浦（五島列島奈留島、長崎県南松浦郡奈留町）停泊。 八月九日鳴浦より出帆渡唐。 八月十四日流球国（台湾）に漂着。 八月十七日福州城に到着、福州開元寺に宿泊。（〔十四—二〕） 十月末頃、温州開元寺に宿泊。（〔十五—二〕）（〔十五—三〕）（〔十五—四〕） 十一月二十六日台州開元寺に着く。（〔十五—一〕）（〔十五—五〕）（〔十五—六〕）

				十二月十三日天台山国清寺に着く。
（仁寿四） 齊衡元	大中八	八五四 （四十一歳）	文徳	二月七日国清寺西院で『福州温州台州求法目録』を撰す。〔二三〕 二月九日禅林寺に向う。 四月国清寺に着く。 《四月三日円仁官符により第三代延暦寺座主となる。治山十年》 九月二十日越州開元寺に着く。〔十八―一〕
齊衡二	大中九	八五五 （四十二歳）	文徳	四月蘇州に着く。 五月洛陽に着く。 五月二十一日長安に着く。 十二月洛陽に着く。
齊衡三	大中一〇	八五六 （四十三歳）		正月十三日龍門に赴き、途中白居易の墓を看る。 正月十五日洛陽を離る。 四月蘇州に滞在。 六月天台山国清寺に着く。 九月国清寺に日本国大徳僧院を建立。 十月台州に赴く。〔十八―二〕 十一月国清寺に滞在

（斉衡四）天安元	大中二	八五七（四十四歳）	文徳	六月『阿字秘釈』略述。
天安二	大中十二	八五八（四十五歳）	（文徳）清和	二月初旬台州開元寺滞在。〔十六―一〕〔十六―二〕〔十六―三〕〔十六―四〕〔十七―三〕 五月天台山国清寺滞在。 六月台州管内海門で乗船出帆 六月十九日肥前国松浦縣旻美楽崎（五島列島福江島、長崎県南松浦郡三井楽町）に着く。 六月二十二日博多に着き、鴻臚館に入る。 八月文徳天皇から帰朝上奏に対する勅を蒙る。 《八月二十七日文徳天皇崩じ、清和天皇受禅。》 十月十一日四王院滞在中、鴻臚館に招かる。詹景全らの来翰〔二十―二〕によるもので、蔡輔・言奉・李達らからは詩〔十九―八〕を贈られる。 十月二十一日蔡輔の詩を贈らる。〔二十―七〕 《十一月七日清和天皇即位。》 十二月九日鴻臚館の李達より来簡。〔二十―三〕 十二月藤原良房勅を奉じて円珎の入京を促す。〔十九―八〕

（天安三）貞観元	大中十三	八五九（四十六歳）	清和	十二月二十六日長岡海印寺を訪ぬ。 十二月二十七日洛北出雲寺に着す。 正月四日太政大臣藤原良房・右大臣藤原良相に面会。 正月二十日比叡山に登り定心院に着す。 正月二十三日比叡山山王院へ移る。 《八月二十五日行教夢告に依り男山に八幡を勧請す》
貞観二	咸通元	八六〇（四十七歳）	清和	《四月二十九日代始百座仁王会の濫觴。》
貞観四	咸通三	八六二（四十九歳）	清和	四月二十五二日付、師静よりの来翰遺在。〔二十一—八〕
貞観五	咸通四	八六三（五十歳）	清和	十一月十三日「円珎請伝法公験奏状案」を清書す。〔四十二〕
貞観六	咸通五	八六四（五十一歳）	清和	《正月十四日円仁入滅》 《二月十六日安恵に座主宣命が下され第四代延暦寺座主となる。治山四年》
貞観八	咸通七	八六六（五十三歳）	清和	五月二十九日「太政官給公験牒」下付さる。 六月十二日最澄に伝教大師、円仁に慈覚大師の謚号を賜わる。円珎・相應の奏聞による。本朝大師謚号の初例、最澄入滅後四十五年、円仁

				入滅後三年。十月二十七日智証大師一族「和気公」への改姓認められる。
貞観九	咸通八	八六七（五十四歳）	清和	二月十六日『讃岐国司解』作成される。〔二〕《十月右大臣藤原良相没す》
貞観十	咸通九	八六八（五十五歳）	清和	《四月三日安恵入滅》
貞観十二	咸通十一	八七〇（五十七歳）	清和	六月三日座主宣命が下され第五代延暦寺座主となる。（治山二十三年）《二月十六日遍昭法眼に叙任さる。天台宗僧綱の初。》
貞観十四	咸通十三	八七二（五十九歳）	清和	《九月二日太政大臣藤原良房没す。（六十九歳）》
貞観十五	咸通十四	八七三（六十歳）	清和	九月官符により遍昭に三部大灌頂を授け悉曇・諸尊別儀等を伝う。
貞観十八	乾符三	八七六（六十三歳）	清和	《十一月二十九日清和天皇禅位、陽成天皇受禅。》
貞観十九（元慶元）	乾符四	八七七（六十四歳）	陽成	《正月三日陽成天皇即位。》
元慶二	乾符五	八七八（六十五歳）	陽成	四月二十九日代始百座仁王会に請ぜらる。
元慶三	乾符六	八七九（六十六歳）	陽成	《正月遍昭権僧正に叙任、天台宗権僧正の初。》

元慶六	中和二	八八二（六十九歳）	陽成	七月智慧輪三蔵に手紙を送る。これ以前に『円珎疑問』を書すか。〔三十八〕
元慶七	中和三	八八三（七十歳）	陽成	三月法眼叙任。 この年前後に『議定文』を書すか。〔五十八〕
天慶八	中和四	八八四（七十一歳）	（陽成）光孝	《二月四日陽成天皇遜位、光孝天皇受禅。》 二月『授決集』を撰す。 《二月二十三日光孝天皇即位》
（天慶九）仁和元	光啓元	八八五（七十二歳）	光孝	四月二十六日代始百座仁王会に仁寿殿講主として請ぜられる。天皇その雄弁を悦ぶ。 《十二月二十三日遍昭僧正に叙任、天台宗僧正の初。》
仁和二	光啓二	八八六（七十三歳）	光孝	十月天皇不豫、仁寿殿に侍するや、平愈。天皇深く感服す。
仁和三	光啓三	八八七（七十四歳）	光孝	《三月、延暦寺に年分度者二人を追加すること勅許あり。》 十一月七日根本中堂の荘厳営造成る。（元慶六年六月七日始む）この時、三堂を一宇と成す。
仁和三	光啓三	八八七（七十四歳）	（光孝）宇多	《八月二十六日光孝天皇崩ず。同日宇多天皇受禅。》 《十一月十七日宇多天皇即位。》

仁和四	文徳元	八八八（七十五歳）	宇多	正月維摩会講師の公請あるも、天台座主・僧綱の位に相応わしからずとして辞退。 十月十七日『制誡文』を書す。〔五十六〕 《正月十九日遍昭入滅す。》 《四月八日勝延権律師に叙任さる、天台宗権律師の初。》
寛平二	大順元	八九〇（七十七歳）	宇多	十二月二十六日の少僧都に叙任さる、天台宗の少僧都の初。 この頃『病中言上書』を書す。〔五十九〕
寛平三	大順二	八九一（七十八歳）	宇多	《正月十三日藤原基経没す。》 十月二十九日日没の後、入滅す。露命七十八、夏臈五十九。

参考文献略目録

園城寺編『園城寺文書』第一巻　園城寺　平成十年十月
園城寺編『智証大師全集』　園城寺　大正七年十二月（復刻・同朋舎　昭和五十三年二月）
仏書刊行会編『大日本仏教全書』仏書刊行会
第二五～二八巻　智証大師全集　大正七年三月
第一二七　園城寺伝記・寺門伝記補録　大正四年
第一一三　遊方伝叢書第一（唐房行履録・他）大正四年
東京帝国大学編『大日本史料』第一編之一　東京帝国大学文学部史料編纂掛　大正十一年三月
天台宗寺門派御遠忌事務局編『園城寺之研究』星野書店　昭和六年十月（復刻　思文閣出版　昭和五十三年十二月）
天台宗寺門派御遠忌局編『智証大師』園城寺　昭和十二年四月
『智証大師研究』編集委員会編『智証大師研究』同朋舎　平成元年十月
佐伯有清『智証大師伝の研究』吉川弘文館　平成元年十一月
佐伯有清『円珍』（人物叢書）吉川弘文館　平成二年七月
恩賜京都博物館編『園城寺餘光』中島泰成閣出版部　昭和十五年八月

園城寺企画・石田茂作他著『秘宝・園城寺』講談社　昭和四六年十月
奈良国立博物館編『特別陳列園城寺蔵国宝円珎関係文書』奈良国立博物館　昭和五十七年七月
東京国立博物館・京都国立博物館・他編『三井寺秘宝展』日本経済新聞社　平成二年四月
滋賀県立近代美術館『びわ湖アジア芸術文化祭　アートプログラム　アジア美術との出会い』滋賀県立近代美術館　平成十三年十一月（高梨鈍次「作品解説」を収める。）
小松英雄『日本語書記史原論』笠間書院　平成十年、補訂版平成十一年、補訂新版平成十八年
文化庁監修『国宝』Ⅱ、書跡Ⅲ　毎日新聞社　昭和五十九年十一月

校正補遺

平成二十一年四月から十一月にかけて断続的に、原本と画像との照合確認を行った。その際、原本の形態に関して若干の知見を得たので、記録のため茲に追補しておく。但し、この作業は画像確認を優先して行ったものであり、形態の確認はそれに付帯して時間の許される範囲で行ったため、全ての原本について均質な調査が及んでいるわけではない。従って、解説文に改定を施すには躊躇される。

しかし、原本に接する機会はそうそうあるわけではなく、あくまでもメモとして知見を公にするものである。

〔十九〕〔二十〕

法量（タテ×ヨコ、単位はセンチメートル、〈〉内は折り目の幅、）

十九―一、二九・五×四一・六〈三・五〉
十九―二、二九・六×四一・八
十九―三、二九・九×四四・四〈三・五〉
十九―四、二九・五×四二・八〈三・〇〉
十九―五、二九・三×四一・七〈三・〇〉

十九―六、二九・五×四二・三〈三・五〉
十九―七、二九・五×四二・七〈三・〇～三・五〉
十九―八、三一・〇×三九・二〈三・五〉
十九―九、二九・四×四〇・九〈三・五〉
二十―一、二九・五×四一・二〈二・五〉
二十―二、二九・五×四三・七〈三・〇〉
二十―三、三〇・二×四二・四〈三・〇〉
二十―四、二九・七×四五・七
二十―五、二九・八×四一・五
二十―六、三〇・五×四二・八〈二・五〉
二十―七、二八・二×四九・四
二十―八、二九・八×四三・三
二十―九、三〇・五×三八・五〈三・〇〉

紙背墨書

各紙総裏打ちが施されているため、視認自体がかなり困難であり、未解読箇所が残っている。全て本文とは別筆。以下、『園城寺文書』第一巻に指摘の無いものに「※」を付す。

十九―一、※「〇七」

十九―二、※「○六」
十九―四、※「○四」
十九―五、※「○五」
十九―六、※「○□」
十九―七、※「○（十か）」
十九―八、※「○□」
十九―九、※「○十三」
二十―一、※「○□」
二十―二、※「○二（三か）」
二十―四、※「○（十五か）」
二十―五、※「○∴」
二十―六、※「□」
二十―七、※「○十一（止か）」
※「＼＼（封跡か）」〈写真1〉
二十―八、※「○（九か）」
二十―九、※「○□」

〔二十三〕

法量（タテ（右端）、タテ（左端）×ヨコ、単位はセンチメートル）

第一紙、二七・五、二七・四×三七・八
第二紙、二七・三、二七・五×三八・四
第三紙、二七・四、二七・四×三八・四
第四紙、二七・四、二七・五×三八・二
第五紙、二七・五、二七・五×三八・三
第六紙、二七・五、二七・五×三八・三
第七紙、二七・四、二七・五×三八・四
第八紙、二七・四、二七・五×三七・〇
第九紙、二七・六、二七・四×三七・八
第十紙、二七・六、二七・六×三九・〇
第十一紙、二七・六、二七・五×三八・九
第十二紙、二七・五、二七・五×三九・〇
第十三紙、二七・五、二七・五×三九・〇
第十四紙、二七・六、二七・四×三九・〇
第十五紙、二七・五、二七・三×一四・一

第十六紙、二八・四、二八・七×四三・七
第十七紙、二八・五、二八・六×二一・五

継ぎ目の様態

第一紙と第二紙、第一紙を上に第二紙を下に、
第二紙と第三紙、第二紙を上に第三紙を下に、
第三紙と第四紙、第三紙を上に第四紙を下に、
第四紙と第五紙、第四紙を上に第五紙を下に、
第五紙と第六紙、第五紙を上に第六紙を下に、
第六紙と第七紙、第六紙を上に第七紙を下に、
第七紙と第八紙、第七紙を上に第八紙を下に、
第八紙と第九紙、第八紙を下に第九紙を上に、
第九紙と第十紙、第九紙を下に第十紙を上に、
第十紙と第十一紙、第十紙を下に第十一紙を上に、
第十一紙と第十二紙、第十一紙を下に第十二紙を上に、
第十二紙と第十三紙、第十二紙を下に第十三紙を上に、
第十三紙と第十四紙、第十三紙を下に第十四紙を上に、
第十四紙と第十五紙、第十四紙を下に第十五紙を上に、

第十五紙と　第十六紙、第十五紙を上に第十六紙を下に、
第十六紙と　第十七紙、第十六紙を上に第十七紙を下に、

紙背墨書

第十一紙と第十二紙の継ぎ目紙背（両紙に掛かる形で墨書）
「大中八年二月七日於国清西院勘記(※)」〈写真2〉

第十六紙四行目紙背
「後掲出文十巻也(※)」〈写真3〉

その他

第一紙右端に押竹の跡あり。

紙継ぎの様態、法量、墨書の継ぎ目への掛り方から考えるに、第八紙より第十五紙は一具のものとして成立し、それを第一紙より第七紙へ添付し、さらに第十六紙、第十七紙を継ぎ、成巻されたものと思われる。

〔四十二〕

法量（〔二十三〕に同じ）

第一紙、――――、二九・七×三一・〇
第二紙、三〇・六、三〇・六×五六・八
第三紙、三一・〇、三〇・三×五一・四

第四紙、三〇・三、三〇・四×五七・五
第五紙、三〇・六、三〇・三×五六・九
第六紙、三〇・九、三〇・四×五六・八
第七紙、三一・〇、三〇・一×五七・〇
第八紙、三〇・四、三〇・一×五七・〇
第九紙、三〇・四、三一・〇×四三・四

〔五十六〕

法量（タテ×ヨコ、単位はセンチメートル）
第一紙、二九・五×四一・四
第二紙、二九・五×一〇・一（上端）、九・八（下端）

紙背墨書
第一紙一行目裏、「二」※（表と別筆）〈写真4〉
第一紙継目直前裏、「巻如此当府」〈写真5〉

〔五十八〕

法量（タテ×ヨコ、単位はセンチメートル）

一二・〇（右端）、二九・一（左端）、二九・七（最長）×四二・四
紙背墨書
本文四行目裏、「三」（表と別筆）

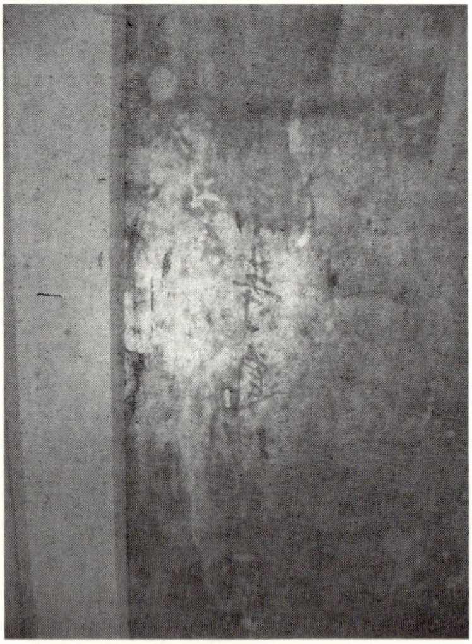
写真１

写真２

※いずれも紙背に裏打ちが施されている上、手持ちの機材で撮したため不鮮明なものであるが、念のため付載しておく。

写真３

写真 4

写真 5

園城寺蔵智証大師自筆文字史資料

平成23年5月20日　初版発行

定価はカバーに表示してあります。

©編　者　　園　城　寺

発行者　　吉　田　栄　治

発行所　　株式会社 三　弥　井　書　店

〒108－0073東京都港区三田3－2－39

電話03－3452－8069

振替00190－8－21125

ISBN978-4-8382-3194-2 C3021　　印刷　藤原印刷